LOVE

Lebensgeschichten

BOAT

Pit Vogt

Idee, Design & Layout: PiT

Alle Texte sind frei erfunden

Impressum

Herstellung und Verlag:
BoD - Books on Demand GmbH, Norderstedt
ISBN: 9783748166658

7	Nach dir
8	Nackt
9	Anderer Ort
11	Am Meer
13	Bei dir
14	Die Fee
15	Mona Lisa
16	Für einen Star
17	Frühlingsweise
18	Regennacht
19	Der letzte Sommer
21	Letzter Sommer
22	Wiedersehen auf Korfu
24	Erinnerung
27	Sie
30	Verlorene Prinzen
31	Komm doch
32	Sein letzter Blick
34	Für meine Mama
36	Kabinett der Puppen
37	Besuch bei ihr
39	Pfingsten
40	San Diego, meine Liebe
41	Wir hatten diese Zeit
43	Letzter Sommer
44	Ihr letzter Sommer
45	Die Bar
47	Die Königin
49	Späte Heimkehr
51	Berührung
52	Eine Frau
56	Die Tänzerin
59	In einer Bar
61	Letzte Reise
62	An die Frauen
64	Die Frau an der Grenze
66	Schwule Sau
68	Die Muschel

L
O
V
E

B
O
A
T

70	*Die Barfrau*
73	*Letzte Reise*
77	*Wiedersehen [Story]*
82	*Sharon – Eine Liebe [Story]*
88	*Ninas Engel [Story]*
92	*Die weiße Kapelle [Story]*
97	*Nachts auf dem Kiez [Story]*
104	*Die Frau auf dem Felsen [Story]*
109	*Die Elfe im See [Story]*
113	*Anitas Wunder*
119	*Das Luftschiff*
125	*Stadt der Engel*

L
O
V
E

B
O
A
T

Nach dir

Als ich ging
War die Straße schmal
Flossen Tränen, ohne Zahl
Nahezu,
Ohne Ruh,
Träumte ich wohl immerzu
Lang schien dieses Tal

Einsam war´s
In jener stillen Zeit
Für jedes dunkle Date bereit
Einfach so.
Nicht mehr froh,
Blieb die Hoffnung irgendwo
In jener stillen Zeit

Eines Tags
Ward ich wieder stark
Wieder neu, der junge Tag
Nahezu,
Ohne Ruh,
Träumte ich nun immerzu
Von dem, was vor mir lag

Nackt

Nackt durch breite Straßen ziehn
Mit der U-Bahn durch Berlin
Mit dir tanzen durch die Nacht
Hast mich um den Schlaf gebracht

Heiße Liebe bis um 4
Halt mich fest, du wildes Tier!
Küss mich jetzt, lass mich nicht los!
Nur die Liebe macht uns groß!

Milchkaffee im Café BLIX
Wenn Du da bist, fehlt mir nix
Komm, heut fliegen wir ans Meer
Du bist da und nichts ist schwer

Anderer Ort

Irgendwo in dieser Stadt
Dort, wo keiner Namen hat
Fand ich dich am Rand der Zeit
Warst zu schnellem Sex bereit
Dort, am Ende aller Zeit
Irgendwo in dieser Stadt

Warfst dir harte Drogen ein
Bloß nichts fühln
Das muss so sein
Träume, Liebe gibt's hier nicht
Niemand schaut dir ins Gesicht
Traum und Hoffnung gibt's hier nicht
Selbst das Bier ist selten rein

Tränen netzten deinen Blick
Wolltest Freiheit, nur ein Stück
Irgendwo in dieser Stadt
Wo kein Mensch mehr Namen hat,
Bliebst du hungrig
Warst nicht satt
Sehnsucht netzte deinen Blick

Als ich ging, bliebst du zurück
Bliebst im Schatten, ohne Glück
Irgendwo im Hinterhaus
Stirbt so manche graue Maus
Dort hält´s keiner lange aus
Kann man leben ohne Glück

Und schon bald fuhr ich nach Haus
Hier sieht alles anders aus
Trank den Sekt, so gegen Vier
War doch noch so nah bei dir
Schloss die dicke Eingangstür
Weit entfernt vom Hinterhaus

Am Meer

Der Abend kommt, mich zieht´s ans Meer
Ich sehn mir alles Schöne her
Hier kann ich vieles klarer sehn
Und weiß, das Meer wird mich verstehn

So viele Dinge tun sich auf
An diesem Strand, ich nehms in Kauf
Hier wo die Sonne untergeht,
Hier, wo ein raues Lüftchen weht

Dann träum ich mir die Sorgen fort
An diesem magisch guten Ort
Ich fühl mich nicht mehr so allein
Am Meer möcht ich wohl immer sein

Ganz sicher war´s nicht immer leicht,
Oft hat es nicht ganz ausgereicht
Dann stand ich trotzdem wieder auf
Und sah nach vorn und pfiff darauf

Mit meinem Stolz und festem Blick
Stemm ich mich gegen Ungeschick
Und lass das Böse hinter mir
Ich hab noch meinen Traum in mir

Ganz tief im Herz ein Feuer brennt
Es ist so stark und mir nicht fremd
Es ist ein Lied und ein Gedicht
Es spendet Leben mir und Licht

Und meine Tränen, die so heiß
Ja selbst mein Lachen
Laut und leis
Die Liebe auch zum Heimathaus
All das bin ich
Das macht mich aus

Ich weiß, in mir steckt so viel Kraft
Im Leben hab ich viel geschafft
Dies Auf und Ab hat mich geprägt,
Und neue Zuversicht gesät

Ja, viele Jahre sind vorbei
Bin nicht mehr jung, doch einerlei!
Die Hoffnung treibt mich durch die Zeit,
Vorbei an Tränen, Frust und Leid

Nun ist es Nacht
Ich bin noch hier
Ich brauche Dich, Du kluges Meer
Ich sitz am Strand und hör dir zu
Und träum mit dir, genieß die Ruh

Bei dir

Bei dir bin ich wohl immer gern
Auf diesem weit entfernten Stern
In meinem Traum ist´s gar nicht weit
Von Abschieden schon längst befreit
So nah am Herz und doch so fern

In jeder Nacht komm ich zu dir
An diesen Ort
Bis früh um Vier
Wo die Gedanken zeitlos sind
Wo ich geblieben noch ein Kind
Erinnerungen ziehn in mir

Die Fee

Von fern spielt eine Melodie
Und irgendwo, da sah ich sie
Ein Zauber drang ins Herze mir
Am Weihnachtsabend, gegen Vier

Vom Schnee verweht ihr Angesicht
Sie tanzte leicht im Kerzenlicht
Ihr weißes Kleid
Ein Sternenmeer
Und Glück und Friede um uns her

So leicht erschien mir da die Welt
Ganz ohne Leid und Hass und Geld
Ihr Lächeln schien fern aller Zeit
Mein Aug von Tränen längt befreit

Sie flog davon
Sie blieb nicht hier
Am Weihnachtsabend, gegen Vier
So etwas Schönes sah ich nie
Mir blieb die ferne Melodie

Mona Lisa

Was für ein göttliches Gesicht
So wunderschön
Ich kann mich gar nicht satter sehn
Und dieses Lächeln,
Welch wundervoller Schein
Dies kann fürwahr ein Traum nur sein

Mir ist, als sei im Himmel ich
So meisterlich
Dies unbeschreiblich Wesen
Nein, etwas Schöneres gibt's wohl nicht
Dies zauberhafte
Angesicht

Bleibt mir vielleicht für immer
In den Träumen
Und auf die Knie sink ich vor Dir

Am Ende allen Seins mit Dir
Und jenseits doch
Ein märchenhafter Schimmer

Ein Film, ein Mensch, ein Angesicht
Sie ist ein Star und sieht gut aus
Sie scheint so stolz und steht im Licht
Sie trägt ein Leben im Gesicht
Man kennt sie in fast jedem Haus

Sie lacht und weint
Ihr Film ist gut
Ich seh sie gern zu jeder Zeit
Und wenn sie spielt mit heißem Blut,
fühlt sich auch meine Seele gut
Ihr Spiel hat mich schon oft befreit

Doch wenn sie dann nach Hause geht,
So fern von Film und Bühnenschau,
Wer fragt, ob man sie dort versteht
Wer sagt ihr, wies wohl weiter geht
Ist sie zu Haus noch stark und schlau

Vielleicht rinnt in so mancher Stund
Ein Tränenmeer ins Taschentuch
Vielleicht liegt auch die Seel mal wund
Vielleicht läuft manchmal gar nichts rund
Erreicht auch sie manch bittrer Fluch

Ich weiß es nicht und freu mich sehr
Denn sie ist da und spielt für mich
Manch Schweres scheint nur halb so schwer
Sie ist ein Star, ich freu mich sehr
Ein Film, ein Mensch, ein Angesicht

(Für einen Star)

Frühlingsweise

Wenn am Berg die Veilchen stehen
Und erblühen und sich wiegen
In dem lauen Frühlingswind
Werd ich wieder mit Dir ziehen,
Durch die Täler, über Höhen,
Bis die klare Nacht beginnt

Und am Fluss werd ich Dich küssen
Und es sagen und es wissen,
Dass Du mich noch immer liebst
Ja, der Morgen wird uns grüßen
Nach dem heißen, nach dem süßen Frühlingsstrom,
Der in uns fließt

Regennacht

Du kamst in jener Regennacht
Aus fernster Ferne, von weither
Du hast mich einfach angelacht
Kamst aus der dunklen Regennacht
Und machtest, dass die Sonn mir lacht
Die Zeiten waren sonst so leer

Du kamst in meine Einsamkeit
Warst einfach da und hieltst mich fest
Um uns nur kalte Dunkelheit
Du kamst in meine Einsamkeit
Und alle Tränen schienen weit
Dein Kleid, vom Regen so durchnässt

Du küsstest mir die Ängste fort
Wir sanken in ein Wolkenmeer
Du küsstest mich und sprachst kein Wort
Du küsstest mir die Trauer fort
An diesem märchenhaften Ort
Du kamst von irgendwo weit her

Der letzte Sommer

Als hell die Sonn erstrahlte,
Sah sie ins Himmelblau
Der Tag ihr Lächeln malte
In jener Sonn, die strahlte
Die schöne starke Frau

Mit Schmerzen, kaum erträglich,
Ging täglich sie hinaus
Der Sommer war so herrlich
Die Schmerzen unerträglich
So einsam stand ihr Haus

Am See unter den Bäumen
Lag sie so oft und gern
Sie gab sich hin den Träumen
Am See, unter den Bäumen,
Bis abends kam manch Stern

Ein Herbst zog auf von Norden
Mit Stürmen, nass und kalt
Sie ist so sanft gestorben
Es kam ein Herbst von Norden
Sie wurde nicht sehr alt

Es ist so ruhig geworden
Im Haus am See, beim Wald
Und wie an jedem Morgen,
Wo es so ruhig geworden,
Die schönste Sonne strahlt

Von ihr ist nichts geblieben
Und doch scheint sie nicht fort
Ich wollt sie ewig lieben
Doch ist mir nichts geblieben
An diesem schönen Ort

Ich seh noch heut ihr Lachen,
Als Sommer war im Land
Und fahr in einem Nachen,
So fern von ihrem Lachen,
Am Ufer leis entlang

Es war ihr letzter Sommer
Ob sie mich hört und sieht?
Mir scheint der ferne Donner
In jenem letzten Sommer
Um Antwort fast bemüht

In Samt und auch in Seide
Sang sie so gern vom Glück
So schwebt über der Heide,
In Samt und auch in Seide,
Noch heut vom Lied ein Stück

Der Schnee deckt zu die Wipfel
Und kahl liegt Wies und Feld
Und übern steilen Gipfel,
Fliegt Schnee über die Wipfel
Und ich zieh in die Welt

Letzter Sommer

Es war ihr letzter Sommer
Der Wind verwehte sanft ihr Haar
Der Himmel schien so endlos klar
Am Strand verlor sich bald ihr Schritt
Die Flut kam schnell und nahm sie mit
Es war ihr letzter Sommer
So schön, wie keiner war

Es war ihr letzter Sommer
Sie war so jung, sagt man, und klug
Ihr Lächeln, einst mir schon genug,
rein und sanft und tränenschwer
Doch blieb ihr Blick so starr und leer
Es war ihr letzter Sommer
Als hoch die Brandung schlug

Es war ihr letzter Sommer
Ihr Haus stand auf den Klippen hoch
Woher sie kam
Sie schriebs mir noch
Wohin sie ging und was sie sucht´,
Bleibt unbekannt
Bleibt ohne Sinn
Es war ihr letzter Sommer
Ich lieb sie immer noch

Wiedersehen auf Korfu

Nach zwanzig Jahrn sah ich sie wieder
Ich hab sie beinah nicht erkannt
Ich sah sie an, hört´ unsre Lieder
Vor zwanzig Jahrn
Im Wunderland

An jenem Strand, auf fernen Meeren
Entbrannte unsre Liebe heiß
Spürt´ ihren Blick, den sanften, leeren
Hör ihre Stimme noch ganz leis

Da war so viel, das uns verbunden
So manche Nacht, so manche Zeit
Wir hatten dort die schönsten Stunden
Erinnerungen, die so weit

Ich wollte weinen, lachen, fliehen
An jedem Tag, der neu begann
Wär auf der Insel gern geblieben
Dort, wo wir endlos glücklich warn

Aus uns sind Fremde wohl geworden
Das Meer spült die Erinnerung fort
Was ist in mir, in ihr gestorben?
Wo blieb der märchenhafte Ort?

Spürte beim Abschied ihre Lippen-
Im Abendwind
Dort, am Gestad
Ein Donner stieg über die Klippen
Und durch mein Herz, das längst erstarrt

Wie Eis schien mir der nächste Morgen
Saß im Hotel noch an der Bar
Im Herze noch die alten Sorgen
Mein Kopf, so schwer und nichts mehr klar

Mein Flieger ging in zwei drei Stunden
Ein letztes Mal triebs mich zum Strand
Doch hab ich sie nicht mehr gefunden
Nur ihre Spur blieb mir im Sand

Viel später, auf der langen Reise,
las ich den Brief, den sie mir gab
„Ich lieb Dich noch", stand da ganz leise
„Weil ich Dich nie vergessen hab"

Es war vor zwanzig langen Jahren
Jetzt ist mir klar – es ist vorbei
Dort, wo wir einstmals glücklich waren,
Blieb übrig nur ein
Einerlei

Erinnerung

Schön wars in der großen Stadt
Job, Familie
Wunderschön
Dort wo keiner Namen hat
Lebten sie in jener Stadt
So sollt es immer weiter gehn

Doch seit kurzem träumte sie
Von dem Ort, der endlos weit
Sah die Kirche, Wald und See
Manche Nächte träumte sie
Von der fernen Seligkeit

Sie verstand die Zeichen nicht
Doch es zog sie magisch fort
Und sie sah im Traum ein Licht,
Hatte Tränen im Gesicht
Wo nur lag dies Land, der Ort

Mehr und mehr wollt sie dorthin
Alles schien ihr so bekannt
Wo nur lag des Traumes Sinn
Warum wollte sie dorthin
In dies wundersame Land

Eines Tages brach sie auf
Nahm die Tasche wie in Trance
Nahm den Abschied selbst in Kauf
Schweigend brach sie einfach auf
War das ihre letzte Chance

Auf dem Weg durch Traum und Zeit
kam nach Irland sie bei Nacht
Lang schien dieser Weg und weit
Irgendwo am Rand der Zeit
Ward sie wohl nach Haus gebracht

In dem kleinen Dorf am Meer
Sah es aus wie in dem Traum
Kirche, Wald
Sie wollt hierher
In das kleine Dorf am Meer
In das Haus beim Mandelbaum

Nichts war hier wie in der Stadt
Ruhm und Reichtum gabs hier nicht
Wichtig war nicht, was man hat
Wichtig nicht die ferne Stadt
Nur des Mondes fahles Licht

Auf dem kleinen Friedhof dort
Stand sie an dem fremden Grab
Hier an diesem stillen Ort
Trug sie die Erinnerung fort
Las die Inschrift, die schon matt

Da durchfuhr ein Blitz ihr Hirn
Und sie wusste es genau
Ihre Mutter lag hier drin
Ja, ihr Traum zog sie hierhin,
Zu dem Grab der toten Frau

Und sie fühlte sich so gut
Goss die Blumen vor dem Stein
Hatte wieder Lebensmut
Denn sie fand ihr eigen Blut
Ihre Seele wurde rein

Plötzlich hörte sie von fern,
Wie die Mutter leise sang
„Ach, mein allerliebster Stern,
kamst zu mir, doch ich bin fern.
Kamst zu mir, zum weißen Strand"

Lange saß sie noch am Grab
Und sie küsste sanft den Stein
Dort, wo's keine Zeit mehr gab
Dort an Mutters kleinem Grab,
Konnt sie endlich glücklich sein

Als sie wieder heimwärts zog,
War voll Liebe sie und Kraft
Und ein Silberwölkchen flog
Übers Meer, auf dem sie zog
Ja, sie hatte es geschafft

Und daheim
Dort, in der Stadt
Hatte sie den Sinn erkannt
Wer im Herz sein´ Mutter hat,
Braucht nicht Geld, nicht Ruhm und Stadt
Nur manch Traum
Und Mutters Hand

Sie

Sie lebte in der großen Stadt
Irgendwo, ganz mittendrin
Dort gabs Hektik, Sünde satt
Dort, in dieser großen Stadt
Machte so das Leben Sinn

Guter Job, manch Date, viel Geld
Ja, sie lebte ihren Traum
Dort, in dieser großen Welt,
Zählte nur das große Geld
Für die Liebe reicht´ es kaum

Irgendwann, November wars,
Kam sie wieder müde heim
Nach den Drinks in tausend Bars
Kam sie heim
November wars
Sie stand da und war allein

Hier auf diesem langen Flur,
Schaute sie sich traurig um
Überm Spiegel diese Uhr
Und die Kälte hier im Flur
Und sie weinte leis und stumm

Sollte das schon alles sein
Jeden Tag der gleiche Trott
Immer nur alleine sein
Ungezählte Flaschen Wein
Und so manch versteckter Spott

Plötzlich spürte sie ganz tief
Einen Stich und einen Schlag
Irgendetwas nach ihr rief
Irgendwann in ihr, ganz tief
Irgendwo in dieser Stadt

Was, wenn sie´s nicht einfach tut
Alles sollte anders sein!
In ihr keimte neuer Mut
Was, wenn man´s nicht einfach tut
Fort mit Geld und Nacht und Wein

Schließlich kam ein neuer Tag
Sie sprang nicht aus ihrem Bett
Als man hektisch nach ihr fragt´,
Legte sie den Hörer ab
Machte Frühstück
Richtig fett

Dann rief sie den Makler an,
Gab die teure Wohnung auf
Auch der Bentley glaubte dran
Und die Weinflaschen sodann
Und ihr alter Lebenslauf

Sie zog fort aus jener Stadt,
Kaufte sich ´ne kleine Farm
Plötzlich ging so vieles glatt
Jenseits dieser kalten Stadt
Und sie fühlte sich nicht arm

Bald zog Frühling übers Land
Und ein Fischer stand am Fluss
Sie hielt fest nur seine Hand
Ja, ein Fischer kam aufs Land
Und er gab ihr einen Kuss

Was für eine gute Zeit
Brach da an, für sie und ihn
Sie entschied, es war soweit
Mut zu einer neuen Zeit
Mut zu einem Neubeginn

Ihre Kinder gaben Kraft
Leben kam zu ihr zurück
Ja, sie hatte es geschafft
In sich selbst fand sie die Kraft
Und die Liebe und das Glück

Verlorene Prinzen

In der Nacht, weit weg von Lieben und von Leiden
Wo die alten Keller gut Geschäfte treiben
Am Stadtrand, da stehen sie an den Geländern
Ihr Blick wie Eis mit schwarzen Trauerrändern

Sie sind der Tod, die ewig arg Gehassten
Suchen die Gelegenheit, die sie einst verpassten
Nur einen Augenblick
Fern bleibt die Liebe
Ein Tanz des Teufels und der verirrten Triebe

Und hinter grauen, kranken Lügenmasken
Schlägt Einsamkeit in eisigkalten Herzen
Zitterndes Hirn, kurz vor dem Tod, dem Ende
Schweigsames Gefühl und keine warmen Hände

Im hellen Licht sind sie wie winzig kleine Motten
Wissend bereits, dass alles lange schon verloren
Der letzte Treff vor aller Hoffnungslosigkeit
Scheint jener Ort
Fernab der bittersüßen Wirklichkeit

Komm doch

Heut Nacht warte ich auf Dich
Ruf nicht an, komm einfach her
Sehnsucht nach Deinem Gesicht
Verlangen
Ach, ich brauch Dich sehr

Komm doch in mein Kabinett
Der Mond lächelt nett heut Nacht
Und die Liebe wird uns empfangen
Bei Kerzenschein, fast atemlos
Drum komm heut in mein Kabinett

Heut Nacht bist Du wieder hier
Endlich träumen, nichts fällt mehr schwer
Und dann stehst Du vor der Tür
Verlangen
Ich liebe Dich sehr

Komm doch

Sein letzter Blick

In der Garderobe ganz allein
Ein Clown, schon alt und ziemlich bunt
Schaut in den Spiegel lang hinein
In der Garderobe, ganz allein
Zu seiner allerletzten Stund

Mit weiß geschminktem Angesicht
Schaut er sich bitter schweigend an
Warum nur ist so hell das Licht
So weiß und trist sein Angesicht
Was für ein Narr
Ein alter Mann

So viele Jahre war es so
Die Bühne und die schöne Schau
Jetzt sitzt er hier und scheint nicht froh
So viele Jahre
Einfach so
Sein Haar ist dünn und auch schon grau

Die Kinder hatten ihn geliebt,
Als er noch sang vom großen Glück
So manches laute Frühlingslied
Sang er mit Kindern, die so lieb
Jetzt schweigt er hier im letzten Stück

Sein Leben war die Zirkusluft
Ein andrer sein, das wollte er
Er spürt, wie etwas nach ihm ruft
So fern von aller Zirkusluft
Im Herze wird's ihm ach so schwer

Er kann doch nicht so einfach gehn,
Dorthin, wo er nicht spielen kann
Soll aller Spaß mit ihm verwehn
Soll man denn wirklich wortlos gehn
Er ist ein Clown
Ein Zirkusmann

Doch bleibt ihm keine Antwort mehr
Von fern noch hört er den Applaus
In der Garderobe ists so leer
Hier gibt es keine Antwort mehr
Und er geht niemals mehr hinaus

Ganz dicht rutscht er zum Spiegel hin
„Wo ist mein Lachen", fragt er sich
Wo ist all das, was ich noch bin
Der Spiegel flüstert leis zu ihm:
„Du bleibst ein Clown, gar vorbildlich"

Und lächelnd lehnt er sich zurück
Ein letztes Mal schminkt er sich ab
Es war sein allerhöchstes Glück
Zufrieden lehnt er sich zurück
Hier vor dem Spiegel ward sein Grab

Für meine Mama

Manchmal sagtest Du:
Es geht vorbei
Und ich saß nur da und schwieg
Und weinte auch
Weils bei mir mal wieder
Schief gegangen war
Doch dann lief ich los
Ins Leben – lachte laut
Und Du schautest mir noch lange nach
Und an Weihnachten brannten
Echte Kerzen
In unseren Herzen

Ich war so voller Tatendrang
Und wollte noch so viel
Und manchmal auch zu viel
Lief fort und kam doch wieder heim
Zu Dir, zu meiner stetigen Geborgenheit
Und wir waren glücklich und so froh
Und auch zufrieden
Wo heute manchmal fehlt
Mir die Bescheidenheit

Was warn es für Jahre
Meine Mama, ach
Ich liebe Dich und so wird's auch immer
Bleiben
Ich bin Dein Kind – für immer
So ist es eben
Mutter und Sohn
Und sonst gibt's nichts
Das war seit Generationen so
Wir sind füreinander da
Und doch sind´s einfach viel zu wenig Worte
Für Dich
Meine Mama

Kabinett der Puppen

Ich war im Kabinett der Puppen
Es war ein ziemlich mieser Schuppen
Der Wind verging sich an den Fenstern
Ich schien umgeben von Gespenstern

So reglos standen Wachsgestalten
Die hatten ihren Platz behalten
Von Spinnweben schon eingehüllt
Haben sie einst ihren Sinn erfüllt

Der Wind zerbrach die dünnen Scheiben
Er wollt die Puppen wohl vertreiben
Doch fieln sie nur im starken Wehen
Ich konnte selbst kaum widerstehen

Zerbrochen lagen sie am Boden
Die Puppen, die uns einst betrogen
Doch Puppenhäuser gibt's noch viel
Dort weht der Wind noch ruhig und still

Besuch bei ihr

Lachend kam sie auf mich zu
Im neuen Kleid, mit schönem Schuh
Sie fiel mir um den Hals vor Glück
Für einen Tag kam ich zurück

Lange sahen wir uns nicht
Und älter schien mir ihr Gesicht
Sorgenfalten warn darin
Und sogar ein Doppelkinn

„Schön, dass Du gekommen bist",
Sagte sie, ganz ohne List
Ihr ging´s wohl gut, sie lachte viel
Der Wind um uns war seltsam kühl

Hier in dieser kleinen Stadt
Schien ihr Leben gut und glatt
Doch als wir beim Essen warn,
Weinte sie ganz leis vor Scham

Der Mann war tot, der Sohn lang fort
Ihr Haus ein einsam trister Ort
Die Schulden drückten aufs Gemüt
Als einziges nur ihr Lachen blieb

Träume hinter Stein versteckt,
Wo niemand die Gefühle weckt
Viel älter schien mir ihr Gesicht
Ja, lange sahen wir uns nicht

Am Grab des Mannes ward sie schwach
Ich hielt sie fest an jenem Tag
Ich sagte ihr: „Komm einfach mit"
Komm suche Dir ein neues Glück

Sie winkte ab und sagte: „Nein"
Im Leben muss so manches sein
Vielleicht kommt doch noch irgendwann
Ein neuer lieber treuer Mann

Als ich zurückfuhr nach L.A.
Fiel plötzlich erster Winterschnee
Sie winkte noch in aller Ruh
Im neuen Kleid
Mit schönem Schuh

Pfingsten

Weiße Rose dort am Strauch
Kündest mir von neuem Glück
Kündest mir von Träumen auch
Bringst den Glauben mir zurück

An die gute alte Zeit
Fühl mich neu und wieder gut
Alle Sorgen scheinen weit
Ruhe dickt mein dünnes Blut

Wind verweht den herben Blick
Bringt mir süßen Sommerklang
Weiße Rosen
Alles Glück
Abende sind wieder lang

San Diego, meine Liebe

Im hellen Licht, am weißen Strand
Dort, wo ich meine Liebe fand
Liegt mein San Diego, perlengleich
Da fühl ich mich so gut, so reich

Vom Harbor Drive blick ich zum Meer
Und sehne mir manch Träume her
Ach, meine Seele ist so leicht,
Weil alles Trübe von mir weicht

In dieser Stadt erwacht mein Herz
Ja, selbst mein Blick fliegt sonnenwärts
Und voller Glück tanz ich am Strand
In jenem wundervollen Land

Hier möchte ich für immer sein
Denn hier bin ich niemals allein
San Diego liegt tief in mir drin
Nie mehr geht es mir aus dem Sinn

San Diego, dort, am schönsten Strand
Wo ich so viele Träume fand
Das alles geht niemals vorbei
Nur hier fühl ich mich wirklich frei

Wir hatten diese Zeit

Wir hatten diese Zeit
Jenseits aller Regeln
Dort in San Diego
An diesem wundervollen
Strand der Seligkeiten
Du bist mir im Herzen
Noch geblieben
Und wirst es immer sein
Und bist doch fort
So weit
Dort in San Diego
In dieser wundervollen
Stadt der schönsten
Märchen

Ein Lied für Dich und mich
Ich hör es noch
Und sing es leis
Es war wohl unsere Zeit
Dort in San Diego
An diesem geheimnisvollen
Strand aller Sehnsüchte
Und aller Träume
Die wir hatten
Ja, wir hatten diese Zeit
Sie ist für immer in mir
Und auch in Dir
Wie dieses Märchen

Wohl wird sie wieder sein
Jene Zeit mit uns
Ich werde wieder da sein
Bei Dir
Dort in San Diego
An jenem weißen
Strand der Hoffnungen
Dann werden wir uns küssen
Lieben und uns nie mehr
Trennen
Ich summ noch unser Lied
Dort in San Diego
Ja, wir hatten diese Zeit
Der unbeschreiblich
Schönen Träume
Die Zeit wird wiederkommen
Dann werden wir zusammen sein
Dort in San Diego
In unserem Märchen

Letzter Sommer

Es war der letzte Sommer
Am Fluss sang sie so gerne
Ein Fisch kam da geschwommen
Und eh der Tag verronnen
Da zählte sie die Sterne

Es war der letzte Sommer
Ihr Lächeln barg den Tod
Ich hab sie gern gesprochen
Es gingen Tage, Wochen
So manches Abendrot

Es war der letzte Sommer
Sie winkte mir kurz zu
Ich hör sie heut noch singen
Ihr Lied wird nie verklingen
In abendlicher Ruh

Es war ihr letzter Sommer
Und einsam ists am Fluss
Sie ist so sanft gestorben
So ohne alle Sorgen
Für sie ein Abschiedsgruß

Ihr letzter Sommer

Es war ihr letzter Sommer
So weit entfernt, am Fluss
In abendlicher Kühle
Da gab es Eis am Stiele
Es war der letzte Sommer
Es war ihr letzter Kuss

Es war ihr letzter Sommer
Der Abschied, endlos lang
So einsam wards am Flusse
Leis sang sie: „Gott zum Gruße"
Es war ihr letzter Sommer
Der letzte Sommerklang

Es war ihr letzter Sommer
So gern denk ich zurück
Wie schön war es gewesen
Am Fluss, im Kiesel lesen
Es war der beste Sommer
Ein kleines Stückchen Glück

Die Bar

Wie frivol wird's mir bei Nachte
Irgendetwas zieht mich an
Wenn die Nebel ziehen sachte
Drängt's mich in die heiße Nachte
In die Bar zum wilden Mann

Da gibt's manches wohl zu sehen
Zu erleben Wunsch und Traum
Dort, wo sich die Masken drehen
Bei den namenlosen Feen
Will ich schlecken Schampus-Schaum

Will mich laben an den Künsten
Aller Stars und Sternchen dort
Wenn die Zigaretten dünsten
Dann ertrink ich in den Künsten
In dem magisch-glitzernd' Ort

Irgendwann spür ich den Wandel
Bin nicht mehr, der ich mal war
Ists vielleicht die bittere Mandel
Die mich trügt bei jenem Wandel
Die mich macht zum großen Star

Meine Stimme scheint zu fliegen
Fliegen will auch meine Seel
In der Bar der tausend Lieben
Bleibt kein Mensch mehr leblos liegen
Und manch Song netzt meine Kehl'

Bis die Nacht weicht einem Morgen
Bin so schwer
Fast wie ein Stein
Alles geht, scheint bald verborgen
Und die Bar liegt kühl im Morgen
Ich bin ich
Und schwanke heim

Die Königin

So unnahbar
So kühl
So still
Brilliert sie vor dem Goldpalast
Die Königin weiß, was sie will
Und doch ist sie so seltsam still
Man hisst die Flagge hoch am Mast

Man krönt ihr Haupt und jenes Land
Sie lächelt sanft
Ihr Blick scheint starr
Sie ist auf dieser Welt bekannt
Sie kommt aus einem Königsland
Von dort, wo´s niemals anders war

Sie schreitet die Parade ab
Das Militär steht kampfbereit
Und weil sie viel zu sagen hat,
fährt sie recht schnell zur Fuchsjagd ab
Ihr Tag verschlingt wohl sehr viel Zeit

Auf ihrem Schiff fährt westwärts sie
Die Flotte ist ihr Stolz, ihr Ruhm
Ein lauer Wind weht irgendwie
Voll Würde trägt die Krone sie
Es gibt im Ausland viel zu tun

Wenn sie dem Volk sich zeigen will
Ist die Kalesche gut und klug
So unnahbar
So seltsam kühl
Wenn sie Kalesche fahren will,
Ist Königin sie nie genug

Fast unnahbar, so kühl, so still
So krönt sie doch ein edles Land
Ja, sie ist Königin mit Stil
Und scheint manchmal so seltsam still
Und ich verneig mich
Unerkannt

Späte Heimkehr

Es steht ein Haus am Waldesrande
Und es fällt Schnee so weiß und sacht
Gar friedlich liegt dies deutsche Lande
Gar friedlich ist der Tag, die Nacht

Ihr Name ist Frau Martha Krause
Ihr Mann, der Kurt, zog in den Krieg
Nie kam er von der Front nach Hause
Und Martha hofft lang auf den Sieg

So viele Jahre sind vergangen
Der Krieg, das Sterben
Alles aus
Sie hat mit Kurt sich gut verstanden
Vor vielen Jahrn in diesem Haus

Sie steht am Fenster, schaut zum Walde
Ob Kurt den Weg zum Haus noch find´
Er wird wohl kommen, ziemlich balde
Und in den Bäumen spielt der Wind

Der Schnee türmt auf sich um das Häuschen
Und Martha wird es ziemlich flau
Vorm Ofen piepst ein kleines Mäuschen
Und draußen wird es kalt und grau

Da stapft durchs wüste Schneegestöber
Ein junger Mann bis vor das Haus
In Uniform und Stiefelleder
Schaut er wie ein Soldat wohl aus

Er starrt zum Fenster und zu Martha
Die schiebt leis die Gardine fort
Sie hat wohl Tränen unterm Haar da
Und beide sprechen nicht ein Wort

Sie nimmt die Feldpostbriefe an sich
Die von der Front ihr Kurt einst schrieb
Und fühlt sich leicht und gar nicht grantig
Und hat den Kurt noch immer lieb

Sie geht hinaus zu jenem Manne
Der küsst sie sacht auf ihre Stirn
Der Schneesturm tobt durchs deutsche Lande
Und kann doch gar nichts mehr zerstörn

Die beiden stapfen bis zum Walde
Und Schnee hüllt sie wien Schleier ein
Kurt war gekommen, ziemlich balde
Und beide wollen endlich heim

Es wacht ein Haus am Waldesrande
Und es fällt Schnee so weich und sacht
Und friedlich ists im deutschen Lande
Und Martha hat sich aufgemacht

Berührung

Das Mädchen an der breiten lauten Straße
Irgendwo in dieser viel zu großen Stadt
Sie stand nur da, putzte sich die hübsche Nase
Irgendwo an dieser endlos langen Straße
Wo San Francisco keinen Namen hat

Ich fuhr vorbei und winkte kurz
Sie sah zu mir und winkte leis zurück
Sie stand nur da unter diesem schmalen Fenstersturz
Und lächelte verwegen, und winkte mir nur kurz
Und war vorbei
Sehr schnell
Ein ganzes Stück

Wer sie nur war
Ich werd es nie erfahren
Sie schien mir wie ein Traum
So nah und doch so fremd
Und war doch noch so ungeheuer jung an Jahren
Und blieb zurück
Ich werd nie mehr von ihr erfahren
Ich stöhne leis und zupf am Kragen von meinem weißen
Hemd

Ein Mädchen an der lauten breiten Straße
Irgendwo in dieser viel zu fremden Stadt
Ja, sie hatte wirklich eine süße kleine Nase
Dies hübsche Mädchen an der langen kühlen Straße
Dort, wo San Francisco keinen Namen hat

Eine Frau

Der Nachmittag war gar nicht kalt
Die Sonne schien vom Himmelszelt
Die Frau im Spiegel schien ihr alt
Ward sie vielleicht schon Rentner bald
War dies der Preis für Arbeit, Geld

Hier im Büro blieb jeder jung
Hier sah auch jeder blendend aus
Der Chef verlangte reichlich Schwung
Sie war tagtäglich auf dem Sprung
Sehr spät kam sie alltags nach Haus

Sie freute sich auf Kind und Mann
Die Hausarbeit schien da nicht schlimm
Sie wollte geben, was sie kann
Sich selbst vergaß sie dann und wann
War dies ihr Lebens-Hauptgewinn

Die Frage hat sie nie gestellt
War ihr der Mann noch immer treu
Dort, wo nur Geld und Leistung zählt,
Wird manche Frage nicht gestellt
Und mancher Traum verweht ganz scheu

Sie stand vorm Spiegel lange so
Ganz plötzlich schien´s doch anders heut
In ihr schlug etwas, dass sehr froh
Vielleicht ein Duft von frischem Stroh
Vielleicht die Lust auf fremde Leut

Sie packte ihre Tasche schnell
Und stahl sich leis aus dem Büro
Von draußen schallte Hund-Gebell
Und auch die Sonne schien recht grell
Nie ging sie von der Arbeit so

Vorm Hochhaus auf der breiten Straß´,
Da sog sie ein die frische Luft
Die Straße war nicht regennass
Und viele Leute hatten Spaß
Dort, wo kein Mensch mehr nach ihr ruft

Sie tanzte über Stock und Stein
Ins nächste Wirtshaus, gleich ums Eck
Warum denn stets vernünftig sein
Warum immer gehorsam sein
Warum nicht mal ein andrer Weg

Derweil daheim, ganz ohne Freud,
Da fragte man: „Wo bleibt sie nur"
Ja, irgendwas schien anders heut
Wo bleibt die Frau, die Mutter heut
Kommt jetzt der Alltag aus der Spur

Sie trug noch einmal richtig auf
Mit Lippenstift
Wild wie ihr Blut
Die Spießigkeit Sie pfiff darauf
Das Leben ist kein Dauerlauf
Der Wein war alt und ziemlich gut

Das erste Mal nach langer Zeit
Fiel ihr vom Herz ein schwerer Stein
Der Alltag lag so endlos weit
Für einen Nachmittag befreit
Könnt das nicht jeden Tag so sein

Die Kirchturmuhr schlug Mitternacht
Sie schien beschwipst und schien so frei
Sie hat nicht lange nachgedacht,
sich einfach auf den Weg gemacht
Es sei so wie es eben sei

Mit einem Taxi fuhr sie heim,
Und schaut´ durchs Fenster in das Haus
Der Mann, die Kinder saßen fein,
Ganz brav vorm Fernseher
Allein
Und hielten ohne sie´s wohl aus

Leis schlich sie sich ins Bettchen dann,
Und schlief schnell ein
Ganz unverzagt
Am Morgen weckte sie der Mann,
sogar die Kinderchen sodann
Und sie stand auf
Wie jeden Tag

Zwar fragte sie der Mann recht kurz,
Wo sie am letzten Abend blieb
Doch war ihr alles ziemlich schnurz
Sie brauchte Kaffee, hatte Durst
Und hauchte leis: „Ich hab Dich lieb"

Dann fuhr sie in die Arbeit schnell,
Als wenn es niemals anders wär
Vorbei an lautem Hund-Gebell,
War sie schon bei der Arbeit schnell
Vom Wein war ihr der Kopf noch schwer

Der Tag verging wie jeder Tag
Schien ihr die Frau im Spiegel alt
Von Kind und Mann zum Arbeitstag,
Da stellte sie kaum eine Frag
Die Sonne schien
Es war nicht kalt

Die Tänzerin

Irgendwie verklärt vielleicht
Eine Träne noch im Aug
Ist berühmt sie
Ist sie reich
Manchmal traurig auch
Vielleicht
Es ist ihre beste Schau

Ach, es war 'ne schwere Zeit
Harte Arbeit, viel Verzicht
Heut ist sie vom Glück nicht weit
Nein, sie fühlt sich nicht befreit
Streng manch Züge im Gesicht

Viele Fragen wiegen schwer:
War es richtig
War's nicht gut
Ist sie heute wirklich wer
Ach, ihr Leben wiegt so schwer
Soviel Tanz liegt ihr im Blut

Düster scheint die Bühne jetzt
Nur Musik erklingt ganz leis
Ja, sie tanzt so unverletzt
Leicht und schön und nicht gehetzt
Ihr Tutu ist strahlend weiß

Und sie tanzt für sich allein
Nur ein Licht strahlt sie noch an
Warum stets alleine sein
Warum niemals Sekt und Wein
Schaut sie wirklich niemand an

Da bemerkt sie einen Blick
Er ist stark und trifft sie sehr
Und ganz langsam, Stück für Stück,
tanzt sie hin zu jenem Blick
Fühlt dabei sich traurig, schwer

Es ist eine fremde Frau
Ihr Gesicht im Schatten liegt
Doch ihr Blick ist sehr genau
Wer ist jene fremde Frau
Woher hat sie diesen Blick

Als sie näher tanzt und schaut,
staunt sie, denn die Frau vor sich
ist sie selbst, so sehr vertraut
Und sie weint und staunt und schaut
Sieht ihr eigenes Gesicht

Niemand sonst ist wohl zu sehn
Jenseitig von Traum und Show
Ach, sie tanzt so wunderschön
Möcht nicht von der Bühne gehn
Doch die Fremde scheint nicht froh

Da, das Licht verlischt ganz sacht
Und die Schau ist aus, vorbei
Längst ist es nach Mitternacht
Da geht aus das Licht, ganz sacht
Aller Tanz scheint einerlei

Regungslos und leichenblass
geht sie von der Bühne schnell
Spürt nicht Trauer oder Spaß
Draußen ist es regennass
Nacht ist es und gar nicht hell

Plötzlich spürt sie es genau:
Tanzen ist ihr größtes Glück
Niemals war ihr Leben grau
Und es lacht die fremde Frau
Leicht tanzt sie zur Show zurück

In einer Bar

Sitz in einer Bar
Am Rand aller Welten
Trink noch einen Whisky
Fühl mich total leer
Ich warte auf dich
Du wolltest dich melden
Und all meine Worte, die irgendwie zählten
Sind jenseits, weit fort
Mir ists leicht und schwer

Der Barkeeper schaut mich recht nachdenklich an
Füllt das Glas wieder auf
Das andauernd leer
Die Uhr schlägt nicht mehr
Ich weiß nicht mehr wann
Der Barkeeper fragt
Was los ist sodann
Ich schließ meine Augen
Und bin total quer

Und noch einen Whisky auf bessere Zeiten
Der Barkeeper meint
Es sei nicht so schlimm
Ich will gar nichts sagen
Ich will auch nichts schreiben
Und noch einen Whisky auf saublöde Zeiten
Er legt sich behänd auf die Seele dahin

All die verloren-gefundenen Seelen
In dieser Bar
Am Rande der Welt
All diese Worte
Die wichtig
Die zählen
Sind nichtig und hohl
Wie all jene Seelen
Der Whisky wohl alle am Leben noch hält

Sitz in einer Bar
Am Rand meiner Träume
Trink den Rest Whisky
Fühl mich total leer
Ein Sturm peitscht da draußen die Äste der Bäume
Irgendwo tief sind noch immer die Träume
Von dir und von mir
So leicht
Und so schwer

Letzte Reise

Es war so im Oktober
Der Regen wusch manch´ Zeit
Da hat sie sich erinnert
An jenen jungen Mann
Der einst dies Land befreit
Der Regen wusch die Zeit
Und er ging fort sodann

Sie war schon um die Achtzig
Sanft spürte sie etwas
Es waren viele Jahre
Sie hatte weiße Haare
Da war noch irgendwas
Gesichter tränennass
Der Wind blies leis, der klare

Da packte sie die Koffer
Sankt Petersburg ein Ziel
Von dort gings mit dem Bus
Weit fort zum Weltenschluss
Es war wohl gar nicht viel
Für sie kein leichtes Spiel
Im dichten Regenguss

Es gingen viele Jahre
Der Regen wäscht die Zeit
Da hat sie sich erinnert
An jenen jungen Mann
Ach, Russland ist so weit
So schnell vergeht die Zeit
Und sie ging fort sodann

An die Frauen

Längst scheint jedes Wort gestorben
Was ist jetzt aus ihr geworden
Wo sind all die schönen Jahre
Grau sind längst die blonden Haare

Immer durchgekämpft im Leben
Immer Liebe auch gegeben
Trotzdem keinen Dank erhalten
Trotzdem immer durchgehalten

Manche Männer machten Witze
Ziemlich böse
Ziemlich miese
Sie ist eine Frau geblieben
War nie schräg und nie durchtrieben

Hat den Kopf stets hochgehalten
Da im Spiegel – erste Falten
Hat die Kinder großgezogen
Ganz allein
Und ungelogen

Dann der neue Mann: Ein Schläger
Ein gemeiner Frauen-Jäger
Lang hat sie es nicht gesehen
Heut kann sie sich gut verstehen

Ab jetzt:

Lasst Euch nicht von Männern knechten
Lebt den Tag
Den guten, echten
Seid ganz Frau und seid ganz Dame
Ihr seid stark
Mit Witz und Charme

Tanzt den Weg durch Euer Leben
Ihr sollt lachen
Ihr müsst reden
Zählt im Spiegel nie die Falten
Ihr müsst leben
Selbst gestalten

Auf die Frauen
Auf die Liebe
Ihr habt Rechte – seid nicht müde
Neue Worte sind geboren
Euer Kampf ist nicht verloren

Die Frau an der Grenze

Tagtäglich ist sie unterwegs
Sie ist noch jung, scheint doch so alt
Mit scharfem Auge wacht sie stets
Auf schmalem Pfad
Nach vorne geht's
Am Felsen und tief drin im Wald

Die Grenze zieht sich ewig hin
Da, Nordkorea, gar nicht weit
Warum die Grenze
Welcher Sinn
Sie schaut nach drüben traurig hin
Und es vergeht die Zeit
Die Zeit

Sie muntert die Soldaten auf
Die warten schon an ihrem Platz
Mit ihrem Pickup fährt sie rauf
Auf manchen Felsen
Obendrauf
Dies weite Land
Was für ein Schatz

Und manchmal weint sie einfach so
Die Grenze ist so mörderisch
In Süd und Nord ist man nicht froh
Konflikte gibt es einfach so
Nur Schweigen, Tränen
Lediglich

Ich seh sie lachen irgendwann
Als sie vom fernen Frieden spricht
Mit ihrem Pickup fährt sie dann
Den nächsten Stützpunkt leise an
Und ihre Hoffnung nie erlischt

Ich schau nach Norden
Greifbar nah
Versteh nicht deren Wut und Hass
Es sind doch Brüder
Schwestern gar
Sie sind doch eins
Das ist doch klar
Ein lauer Wind streicht übers Gras

Doch dann muss sie schon wieder fort
Ich wink ihr noch
Sie schaut zurück
Was für ein rätselhafter Ort
Die starke Frau mit starkem Wort
Und sie fährt runter
Dann hinauf

Schwule Sau

Vorm Spiegel dreht er sich nochmal
Es sitzt das Kleid, der rosa Schal
In dieser Welt aus
Ignoranz
Stimmt er sich ein
In bunter Trance

Hier in der kleinen Spießerstadt
Wo jeder keinen Namen hat
Lebt heimlich jeder
Seinen Traum
Ein schwules Leben gibt's hier kaum

Im Keller-Club „Zur Transen-Nacht"
Ist´s ganz egal, was jeder macht
So mancher Mann liebt einen Mann
Und manche Frau ´ne Frau sodann

Hier tobt sich alles Schwule aus
Hier gibt es keine graue Maus
Hier ist er eine schöne Frau
Hier ist er keine schwule Sau

Mit Alkohol und manchem Kick
Fühlt er sich toll
Fühlt er sich chic
In dunklen Ecken liebt man sich
Die Bürger findens widerlich

Dann, wenn die Nacht vorübergeht
Ist aus, was hier kein Mensch versteht
Er zieht sich um und weiß genau
Als Mann wird er
Zur schwulen Sau

Die Muschel

Ich fand sie dort am langen Strand
Die große Muschel, ganz in weiß
Sie lag so einsam da im Sand
Die schöne Muschel dort am Strand
Und Sommer war es, schwül und heiß

Ich hob sie auf, hielt sie ans Ohr
Es rauschte so geheimnisvoll
Welch Engel sie wohl hier verlor
Ich hielt sie einfach nur ans Ohr
Und plötzlich fühlte ich mich wohl

Die Kinder sprangen um mich rum
Das Wasser kühlte, war so frisch
Die Muschel lag am Strand herum
Und Kinder sangen um mich rum
Und manchmal auch ein kleiner Fisch

Ich dacht, ob ich jetzt baden geh
Mal so ins Wasser, wär's nicht toll
Gar friedlich lag die wilde See
Ob ich vielleicht mal baden geh
Im Wasser wär's so wundervoll

Da sprach die Muschel lieb und leis:
„Du bist doch frei, los, spring' ins Nass"
An jenem Strand, der lang und weiß,
War's wunderschön und ziemlich heiß
Im Wasser hatte ich viel Spaß

Die Muschel nahm ich mit ins Meer
Und ließ sie frei, sie tauchte schnell
Der Tag fiel leicht mir, gar nicht schwer
Ich nahm die Muschel mit ins Meer
Und plötzlich ward manch Trübes hell

All jene Sorgen, tief in mir,
Die nahm die Muschel mit sich fort
Mir schien, sie lag für mich nur hier
Sie nahm die Nöte tief in mir
Verzauberte die Welt, den Ort

Fast wie ein Kind sang ich und sprang
Am Ufer her und wieder hin
Ich hör noch heut der Muschel Klang
Sie rauschte leis und lieb und lang
Sie gab mir neuen Lebenssinn

Ich fand sie da am Meeresstrand
Die weiße Muschel, groß und weiß
So manches Jahr zog übers Land
Ihr Rauschen blieb mir, da am Strand
Und Sommer war´s, so schön und heiß

Die Barfrau

Sie war allein mit einem Kind
Sie suchte nach dem großen Glück
Dort, wo die Träume Träume sind,
War sie allein mit ihrem Kind
Und wollt vom Leben auch ein Stück

Die zwölfte Straße jener Stadt,
Im Hinterhof
Dort in der Bar
Da wo man keinen Namen hat,
In dieser riesig kalten Stadt,
War sie allabendlich der Star

Die Männer fanden sie ganz toll
Und jeder wollt mal bei ihr sein
Sie war so schön, nicht männertoll
Und füllte alle Gläser voll
Und blieb doch stets für sich allein

Ihr blondes Haar zurecht gemacht
Die Lippen rot, das Röckchen knapp,
Hat sie gesungen
Chic, apart,
Und viel gelacht die ganze Nacht,
Und viel geweint an manchem Tag

Bei all dem Trubel in der Bar,
In jener zwölften Seitenstraß´,
Schien ihr doch stets so sonnenklar,
Dass sie hier niemals glücklich war
Sie wollte hier nie wirklich Spaß

Vielleicht sollt sie ganz einfach fliehn
Ins ferne Land am blauen Meer
Ganz einfach zu den Träumen ziehn
Und niemals mehr nach hinten sehn
Doch ohne Kind wär´s tränenschwer

Still wischte sie die Tränen fort
Und schenkte noch mal kräftig ein
An diesem trüben lauten Ort,
Da wischte sie die Träume fort
Und friedlich schlief ihr Kind daheim

Als sie dann ging im Morgentau,
Schloss sie die Tür der Bar schnell ab
Das Märchen von der starken Frau
Sie kannte es wohl sehr genau
Sie hasste ihren Rock, der knapp

Daheim am Bett des Sohnes dann,
Strich weinend sie ihm übers Haar
Sie war allein und ohne Mann
Und in der Bar ging´s immer lang
Es war so wie es eben war

Und als im Traum der Kleine sprach,
Da wusste sie, wofür sie´s tat
Da dachte sie nicht lang mehr nach
Vergaß das ganze Weh und Ach
Und das, was man nicht denken mag

So schlief sie ein bei ihrem Kind,
Wohl wissend, dass sie kämpfen muss
Ums Mietshaus wehte leis ein Wind
Daheim, wo Glück und Träume sind,
Gab sie dem Kleinen einen Kuss

Letzte Reise

Seniorenheim am Rand der Stadt
Dort lebte er allein mit sich
Wo jeder alt ist, wenig hat,
Wuchs Einsamkeit gar fürchterlich

Besuche gab´s schon lang nicht mehr
Der Sohn kassierte nur das Geld
Sein Blick, die Tage
Öd und leer
Nichts kostet mehr die Welt

Die Eiche hinterm Heim war alt,
Gab Schatten einer kleinen Bank
Selbst, wenn´s im Winter rau und kalt,
saß er dort jeden Abend lang

Und träumte von so manchem Stern,
Vom Nordpol und vom Bär im Eis
Er wusste, all das lag so fern
Im Nebel, der da zog ganz leis

S´ war jeden Tag der gleiche Trott:
Der Morgen glich dem Abend schon
Zum Mittessen lief er flott
Vielleicht kam später doch der Sohn

Doch als es nachmittags um Vier
Bliebs einsam wieder, keiner kam
Das Telefon nur schellte hier
Sein Sohn entschuldigte die Scham

Am Abend ein zwei Schnitten wohl
Die würgten trocken ihm im Hals
Der Tag verschwamm so müd und hohl
Noch lange fernsehen, besser als …

… die Angst vorm Schlafen, vor dem Tod
Die kroch fast jede Nacht durch ihn
Sehr oft war irgendwer in Not
Und mancher starb dort so dahin

Doch eines Nachts, da spürte er
So ein Gefühl, unglaublich stark
Sein Herz, die Knochen – nichts schien schwer
Kein Schleier auf der Seele lag

Er fühlte sich so frei und gut
Und packte ein paar Sachen ein
Da war nicht Trauer oder Wut
Er wollte nur woanders sein

Ganz heimlich schlich er sich davon,
Aus jenem Heim am Rand der Stadt
Er pfiff auf Einsamkeit und Sohn
Nahm das, was er sich einst erspart

Mit Bus und Bahn und Boot sodann
Ging´s in die Ferne, nordwärts nur
Er war zwar alt, doch auch ein Mann,
Und manchmal wohl auch ziemlich stur

Im Heim zu sterben, fern vom Glück,
So wie die andern, wollt er nie
Noch was vom Leben, nur ein Stück
Ob ihm der liebe Gott verzieh

Ihm war´s egal, er wollt nur weg
Zum Nordpol hin, zu seinem Traum
Er wollt zu diesem Eisesfleck,
wie er geträumt am Eichenbaum

Und irgendwann, am zehnten Tag,
Kam er dort an, im weiten Eis
Nein, niemand stellte mehr die Frag:
Ob er noch wüsste, was er weiß

Tief atmete er ein
So lieblich schmeckte all die Luft
Fast wie ein leichter Sommerwein
Fast wie ein Engelchen, das ruft

Und er lief weiter geradeaus
So manchen Eisbär sah er auch
Hier gab es weder Mann noch Haus
Nur seinen hungrig satten Bauch

Auf einmal blieb er einfach stehn
Weit vor ihm winkte eine Frau
Wer sollte wohl dies Bild verstehn
Sogar der Nordwind wehte lau

Da rannen Tränen ihm herab,
Als er die Frau vor sich erkannt
S´ war seine Liebste aus dem Grab
Sie war in seinem Zauberland

So glücklich diese beiden, ach
Sie küssten sich
Ein Tanz im Schnee
Und unterm bunten Nordlichtdach
Tat nicht einmal die Kälte weh

Alsbald nahm sie ihn an die Hand
Und schwebte mit ihm fort, weit fort
Und seine Spur schon bald verschwand,
Verweht im Schnee
Am Nordpol dort

Ganz fern im Heim bliebs weiter trist
Ob jemand fragte da nach ihm
Dort gab´s wohl nur die Galgenfrist
Und eine Zeit ganz ohne Sinn

So manches Heim steht irgendwo
Und manche Alten sind dort alt
Sie werden wohl nur selten froh
Auf einer Bank
Ganz nah beim Wald

Vielleicht jedoch träumt einer dann
Vom Nordpol oder Wüstensand
Macht auf den Weg sich irgendwann
Zu seinem Traum ins Zauberland

Wiedersehen

Es war ja nur ein bisschen Ruhe, was sie sich am Abend ihres langen Lebens noch wünschte. Oma Paulsen lebte in einem idyllisch gelegenen Pflegeheim am Rande einer großen Stadt. Irgendwie spürte sie einen Hauch von Abschied in sich. Sie konnte es niemandem beschreiben und sie hatte auch keinen, dem sie es hätte sagen können. Wenn sie in ihrem Bett lag, schaute sie oft durch das geöffnete Fenster hinauf in den Himmel. Die Sterne schienen ihr so nah, viel zu nah. Sie wollte eigentlich noch gar nicht dorthin. Doch sie fürchtete sich nicht. Manchmal hörte sie den Mond, wie er zu ihr sprach: „Komm, komm zu mir. Brauchst jetzt endlich Ruh. Ich warte auf Dich."

Dann schloss sie ganz schnell ihre Augen und schlief ein. Das tägliche Einerlei ließ sie schon lange kalt. Sie kannte es ja immerhin lange genug. Und wer sollte sie jetzt noch bekehren?

Immer musste sie sich durchkämpfen. Geschenkt wurde ihr nie etwas. Da hieß es nur: *Durchhalten!* Und immer, wenn die Krankenschwester nach ihrem Befinden fragte, zog sie ein saures Gesicht und meinte dann zickig: „Na, wie soll es mir schon gehen! Ich leb ja noch! Holen Sie mir lieber eine Tasse Tee." Dann lief sie mit ihrem Stock, so schnell sie noch konnte, hinaus in den Park. Auf der alten Bank unter den Linden, wo sie keiner fand, träumte sie vor sich hin und erinnerte sich an die alten, längst vergangenen Zeiten:

Ach, liebe Oma Paulsen
Du denkst so oft ans Glück
Du warst so jung an Jahren
Und warst einst so verrückt

Ach, liebe Oma Paulsen
Der Wind streicht durch Dein Haar
Jetzt träumst Du untern Linden
Von dem, was damals war

Ein bisschen wehmütig schaute sie hinüber zu dem kleinen Teich im Schilf. So gern würde sie noch mal in das kühle Nass springen- so richtig kraftvoll und mutig. Nein, ängstlich war sie damals nie. Doch das Alter hatte wohl die Knochen weich gemacht, aber nur ein ganz klein wenig. Die alte Bank war niemals schmutzig. So oft, wie sie auf ihr gesessen hatte, blieb nahezu kein Stäubchen auf ihr haften. Nur die weiße Farbe blätterte so langsam von ihr ab. An diesem Tage regnete es, und es wollte einfach nicht mehr aufhören. Eigentlich wollte die Schwester nicht, dass Oma Paulsen bei diesem Wetter nach draußen ging. Schließlich blinzelte aber doch noch die Sonne durch die Wolken. Und die sonst so mürrische Schwester ließ sich umstimmen. Draußen war es kühl und über dem Gelände lag ein würzig frischer Geruch von feuchtem Laub. Oma Paulsen liebte das sehr und atmete tief ein. In jeder Ecke des Parks hatte sich der Herbst niedergelassen. Doch irgendwie schien es viel stiller als sonst zu sein. Kein Vogelgezwitscher, kein Rascheln, nichts. Nur unzählige Regenwürmer sielten sich in den Pfützen der morastigen Wege. Plötzlich fühlte sie sich wieder jung und unendlich stark. Vielleicht lag das ja an der frischen Luft und an dem würzigen Aroma, welches unablässig in ihrer Nase kitzelte. Die alte Bank unter den mächtigen Linden war trocken geblieben. Im Wasser des kleinen Teiches spiegelte sich die noch immer anwesende Sonne wider. Was für ein wunderbares Schauspiel der Natur. Von der Sonne geblendet hielt sie sich die Hand vors Gesicht und nahm genüsslich auf der Bank Platz. „Ach, wie herrlich", seufzte sie leis. Als sie ihren Stock an die Bank lehnte, fiel ihr ein Briefumschlag auf, der zwischen den morschen Latten der Lehne klemmte. Erstaunt zog sie den Umschlag hervor. „Wie kommt der denn hierher? Hat den jemand vergessen", wunderte sie sich. Der Umschlag war total durchnässt und der Regen hatte die Buchstaben bereits verwischt.

Nervös holte sie ihre starke Hornbrille aus der Manteltasche hervor. Dann versuchte sie, die Schrift auf dem Umschlag zu entziffern: „An Oma Paulsen", stand da fast schon unleserlich geschrieben. „Das gibt's doch gar nicht", rief sie erstaunt. Neugierig riss sie den Umschlag auf und zog den sorgfältig gefalteten Bogen heraus. Dann las sie die handgeschriebenen Sätze: „Hochgeschätzte Frau Paulsen. Ich habe Sie schon ein paar Tage hier im Park beobachtet und festgestellt, dass ich sie kenne." Verunsichert schaute sie sich um. Wer konnte das gewesen sein? Sie konnte aber niemanden entdecken und las weiter. „Übrigens kennen Sie mich auch. Erinnern Sie sich, damals in Berlin, gleich nach dem Krieg? Sie haben mich aufgelesen und gepflegt. Ich war damals noch ein kleiner Junge und ich hatte keine Eltern mehr. Vielleicht fällt es Ihnen wieder ein? Mein Name ist Adrian aus Breslau. Also dann schöne Stunden noch." Mit zittrigen Händen faltete sie den Brief zusammen und wischte sich die Tränen aus den Augen. Ja, natürlich erinnerte sie sich noch. Adrian, der kleine Junge, der immer groß sein wollte und auch immer zu Scherzen aufgelegt war. Auf einmal war er mit Sack und Pack verschwunden, ohne zu sagen, wohin er wollte. Sie kam damals nicht darüber hinweg. Und auch jetzt, nachdem sie diese Zeilen gelesen hatte, schien ihr plötzlich das Herz zu zerbrechen. Allein der Gedanke an Adrian, an die Nachkriegszeit. Wie haben sie damals gekämpft um ein Stück Brot. Stein auf Stein haben sie gestellt, die Trümmer des Krieges weggeräumt, die Männer waren im Krieg geblieben. Sie schaute sich noch einmal um. Irgendwo musste er doch stecken. Sicher beobachtete er sie, sie fühlte es genau. „Adrian", rief sie laut, „kommen Sie doch hervor, ich weiß, dass Sie hier sind!" Aber es blieb ruhig. Nur eine riesige Regenwolke hatte sich vor die Sonne geschoben. Es wurde immer dunkler und die ersten Tropfen rieselten zur Erde. Jetzt wurde ihr die Sache zu dumm. Außerdem fror sie ein wenig. Sie stand auf und begab sich langsamen Schrittes zurück zum Haus. Plötzlich tippte ihr jemand auf die Schulter. Sie erschrak, doch hatte sie irgendwie darauf gewartet. Lächelnd drehte sie sich um. „Adrian, Sie?" „Nein Du", flüsterte der ältere Herr hinter ihr. Mit seinem schlohweißen Haar auf dem Kopf nickte er wie ein kleiner Junge und drückte sie fest an sich. Sie hatte ihn sofort erkannt, als hätte es die vielen Jahre dazwischen nie gegeben. Die beiden begaben sich zurück zur Bank. Adrian spannte seinen großen schwarzen Stockschirm auf und die beiden unterhielten sich darunter, bis es dämmerte. Kalt wurde es, doch das störte die beiden nicht. „Gefällt es Dir wirklich hier im Heim", fragte Adrian mit leiser Stimme. „Lass uns einfach abhauen. Komm mit zu mir in mein kleines Haus am Waldrand. Wir eröffnen ein Detektivbüro und beobachten die Leute, heimlich, ohne dass die etwas merken." Oma Paulsen warf Adrian einen misstrauischen Blick zu. Hatte er das wirklich ernst gemeint? Ein Detektivbüro, in unserem Alter! Verrückt, na ja, so war er ja schon immer, sie wollte ausweichen. Aber als sie an das tägliche Einerlei, die ewig fürsorgliche Schwester und die triste Einsamkeit dachte, willigte sie ein. „Wann solls denn losgehen", erkundigte sie sich grinsend. Adrian hob den Kopf und meinte dann vielsagend: „Na sofort, komm!" Die beiden erhoben sich und versteckten sich zunächst hinter einer dichten Hecke. Aus der Ferne ertönte bereits die nervige Stimme der besorgten Schwester. Doch sie konnte Oma Paulsen nicht finden. Die lag vergnügt in Adrians Armen und freute sich diebisch, der Schwester eins ausgewischt zu haben. Dann begaben sich die beiden Flüchtlinge auf Umwegen zum Parkplatz, wo Adrians Wagen stand. Sie stiegen ein und brausten davon. Unterwegs lachten sie aus voller Kehle und Oma Paulsen war so glücklich wie schon seit Jahren nicht mehr. „Aufregend, aufregend", stieß sie überglücklich hervor und trällerte dabei vergnügt einen Schlager aus ihrer Jugendzeit. Die beiden kehrten niemals mehr zurück und nur der Mond wusste, wo sie jemals ankamen.

Sharon – Eine Liebe

Eine kleine Melodie ging mir nicht mehr aus dem Sinn: *You Don´t Bring Me Flowers*. Sanft war sie, wie dieses Mädchen aus einer anderen Welt. Sie hieß Sharon, eine zauberhafte dunkelhäutige Sängerin. Wir lernten uns in New York kennen. Einfach so, auf einer Bank im Central Park. Ich wollte über die Menschen nach dem Terroranschlag vom 11. September schreiben. Ich schaute in ihre Gesichter, die mir endlose Geschichten erzählen konnten. Und ich schaute auf diese riesige faszinierende Stadt mit ihren unzähligen Gefühlen, Sehnsüchten und Hoffnungen. Diese Stadt mit ihrem ständigen Auf und Ab. Immer und überall hier spürte ich den stetigen Puls dieser unergründlichen Metropole. Die Joggerin, die sich an diesem Septembermorgen auf die Bank neben mich setzte, kam mir gerade recht. Ich wollte ihr Fragen stellen, wollte sie in ein Gespräch verwickeln. Ich wollte von ihr erfahren, wie sie diesen verhängnisvollen 11. September erlebte. Die junge gutaussehende Frau schien völlig außer Puste zu sein. Sie atmete schnell und musste plötzlich niesen. „Na, ist wohl doch ein bisschen kühl heut Morgen", fragte ich sie grinsend. Doch sie winkte nur ab, wollte eigentlich gleich weiterlaufen. Mir gefiel diese Frau. Ihre Spontaneität, ihre Sicherheit- ich fand das einfach toll. Etwas verwegen fragte ich noch schnell: „Kann ich Sie irgendwo wiedersehen?" Im gleichen Augenblick jedoch fand ich diese Frage blöd und wollte mich entschuldigen. Als sie jedoch lächelnd nickte, hielt ich sofort inne. „Klar", antwortete sie kurz entschlossen. „Heute Abend, 19 Uhr im *Jingle-Club*, Ecke 114! Findest Du schon!" Während sie das sprach, rannte sie auch schon wieder weiter. Ich schmunzelte, rief noch ein „OK" hinter ihr her. Den ganzen Tag hockte ich in meinem Hotelzimmer und überlegte. Ich erwischte mich bei dem albernen Gedanken, mich irgendwie schön für sie machen zu wollen. Aber vielleicht hatte sie ja auch schon einen Freund. Sicher hatte sie das! Ganz sicher, oder? Die Zeit schien einfach nicht vergehen zu wollen. Ich zählte die Stunden, die Minuten bis zu unserer Verabredung. Als es endlich soweit war, vergaß ich mein Outfit und sprang, so wie ich war, in ein Taxi. Als ich dem Taxifahrer meinen Zielort mitteilte, schaute der mich misstrauisch an. „Was wollen Sie denn beim *Jingle-Club*?", fragte er mich mit gesenkter Stimme. Ich erzählte ihm von meiner Verabredung. „Na, Sie müssen es ja wissen", raunte der Taxifahrer mit verkniffenem Gesicht und fuhr los. Als wir ankamen, konnte ich meine Enttäuschung kaum verbergen. „Ich habe es Ihnen ja gleich gesagt", spottete der Taxifahrer. „Das ist hier ´ne ganz herunter gekommen Gegend. Hier will keiner gern her." Ich gab dem Fahrer das Geld und der brauste eiligst davon. Ich schaute mich um. Tatsächlich schien diese Gegend schon bessere Zeiten gesehen zu haben. Die alten Häuser sahen aus wie Ruinen, um die sich lange keiner mehr gekümmert haben musste. Manche Gebäude waren zusammengefallen. Schutt und Müll lagen überall auf der löcherigen Straße verteilt. Wie kam nur eine so schöne Frau dazu, sich hier zu verabreden? Etwas weiter von mir entfernt fiel ein schwacher Lichtschein auf die Straße. Langsam lief ich dorthin. Das Licht fiel aus einem ziemlich herunter gekommen Lokal. Ich ging hinein und setzte mich an die Bar. Ich bestellte mir einen Drink und wartete. Ungefähr eine halbe Stunde musste vergangen sein, doch meine Verabredung kam nicht. Zwischendrin schaute ich immer wieder auf die Straße hinaus. Ohne Erfolg. Ich trank einen Whisky nach dem anderen und fühlte mich schon recht lebhaft. Da wurde die Beleuchtung etwas herunter gedreht. Rote Scheinwerfer flammten auf und beleuchteten eine kleine Bühne gegenüber meines Tisches. Eine Stimme rief über Mikrofon: „Ladys and Gentleman! Hier ist der Star des heutigen Abends, Sharon!" Der rote Vorhang glitt zur Seite, und da stand sie, die junge Frau, meine Verabredung! Sie war ganz in Schwarz gekleidet und irgendwie erschien sie mir noch schöner als heute Morgen. Sie begann, ein wunderschönes Lied zu singen: *You Don´t Bring Me Flowers*. Ich hatte Tränen in den Augen. Das Lied war noch nicht verklungen, da applaudierte ich. Irgendein Säufer rief aus einer Ecke: „Bravo Sharon! Weiter so!" Ich fühlte mich gut und doch schlecht, fand es endlos traurig, dass diese wunderschöne Frau in einem solchen miesen Lokal auftreten musste. Sharon kam von der Bühne und setzte sich an meinen Tisch. „Schön, dass Du gekommen bist. Na, wie war ich", fragte sie mich leise. Ich schaute lange in ihre großen braunen Augen. „Du warst großartig", hauchte ich und hatte in dieser Sekunde längst vergessen, was ich sie eigentlich fragen wollte. Ich schaute sie nur an und war wie verzaubert. Sie lächelte nur und meinte, dass sie gleich wieder auf die Bühne müsse. „Klar", sagte ich verständnisvoll. „Ich verstehe schon. Kommst Du dann wieder her?" „Ich weiß es nicht", antwortete sie mit ernster Miene. Sie war plötzlich so ernst, als hätte ich etwas Schlimmes gesagt. „Ich darf mich nicht mit den Gästen abgeben. Ich freue mich aber, wenn Du ab und zu mal kommst." Bei diesen Worten liefen ihr Tränen über die Wangen. Plötzlich griff sie in ihre Tasche und holte schnell einen Briefumschlag heraus. Unter dem Tisch steckte sie ihn mir heimlich zu. „Pass gut auf ihn auf", flüsterte sie, „wenn mir etwas zustößt, behalte ihn für Dich. Mach's gut. Ich muss auf die Bühne." Mit einem Satz sprang sie auf und lachte, als sei gar nichts geschehen. Verwundert schaute ich ihr hinterher. Als ihren Song beendet hatte, verschwand sie hinter der Bühne und die roten Scheinwerfer verloschen. Ich fragte eine Bedienung nach Sharon. Doch die recht freizügig gekleidete Dame schüttelte nur mit dem Kopf. „Nein, das geht nicht", sagte sie dann traurig, „vielleicht ist es besser, wenn Sie jetzt gehen." Ich konnte meine Trauer kaum verbergen. Dennoch zahlte ich und fuhr mit einem Taxi zurück zum Hotel. Die ganze Nacht brachte ich kein Auge zu. Sharon ging mir nicht mehr aus dem Sinn. Was meinte sie nur und was hatte es mit diesem vermeintlichen Brief auf sich? Ich nahm mir vor, gleich am nächsten Morgen noch einmal zu dieser Bar zu fahren. Vielleicht gelang es mir ja doch noch, Sharon zu finden und mit ihr zu sprechen. Ein komisches Gefühl machte sich in meinem Magen breit. Es war ein seltsam flaues Gefühl – war das Liebe? Am nächsten Morgen ließ ich mir einen Mietwagen buchen und fuhr schon recht zeitig los. Ich wollte mir diese Gegend bei Tageslicht betrachten. Doch an der Stelle, wo gestern noch diese einsame Bar stand, befand sich heute eine verlassene Ruine. Lediglich über dem verfallenen Eingang konnte ich die teilweise zerbrochenen Buchstaben entziffern: *Jingle-Club.* Zwei Penner torkelten an mir vorüber. Ich rief laut: „Wo ist denn die Bar? Gestern war hier noch eine Bar. Sie nannte sich *Jingle-Club.* Wo ist das alles hin?" Die beiden Penner lachten laut: „Hey Du Spinner! Was für 'ne Bar? Hier ist schon lange nichts mehr! Den Schuppen haben die Cops schon vor Jahren ausgehoben. War ein Drogenmarkplatz, Du verstehst? Gib lieber ein paar Dollar rüber!" Verstört kramte ich in meiner Jackentasche und drückte dem einen Penner schließlich einen Zehn-Dollar-Schein in die Hand. „Danke Euer Gnaden", rief der hinter mir her. Ich lief um das Gebäude herum, schaute durch die zerbrochene Scheibe ins Innere. Doch mehr als zerbrochene Stühle und Tische konnte ich nicht erkennen. Überall lagen Glasscherben und Müll, hier musste schon seit Jahren keiner mehr gewesen sein. In diesem Augenblick fiel mir der Briefumschlag, den mir Sharon heimlich zugesteckt hatte. Ich zog ihn aus der Tasche und faltete ihn vorsichtig auseinander. Auf fleckigem, zerrissenen Papier stand dort geschrieben: *„Hallo, ich habe eine letzte Bitte an Dich. Geh in die Bar und schau unter den Tresen. Dort findest Du eine Urne. Begrabe sie auf dem Friedhof. Anbei liegt ein goldener Ring. Er ist das Wertvollste und Teuerste, was mir blieb. Er ist ein Erbstück meiner Mutter. Löse ihn ein und bezahle die Beerdigung davon. Dann finde ich endlich meine Ruh. In Liebe, Sharon."* Ich konnte nicht glauben, was ich da las. Ich hatte Tränen in den Augen und las den Brief wieder und wieder. Sharon war also eine Seele, die noch immer nicht zur Ruhe gekommen war. Doch wie war sie zu Tode gekommen? Wer hatte diese Urne unter dem Tresen versteckt? Ich erhielt keine Antwort auf diese Fragen. Durch ein zerbrochenes Fenster kletterte ich in das Gebäude und suchte an der Stelle, wo der Tresen gestanden haben musste. Und tatsächlich! Unter einer alten verwitterten Bierleitung, zwischen Steinen, Unrat und Dreck ertastete ich einen Gegenstand. Ich zog ihn heraus und hielt eine Urne in der Hand. Mit den Fingern wischte ich den Schmutz ab und las den eingravierten Namen: *Sharon*. Ich kümmerte mich um die Beisetzung und bezahlte alles. Die schönsten Blumen stellte ich auf ihr Grab. Und ihren goldenen Ring behielt ich in Gedenken an diese einzigartige Frau. Monate später wurde mir vieles klar: Sharon war noch einmal zurückgekommen, weil ihre Seele keine Ruhe fand. Ich war auserwählt, um ihr diesen letzten Dienst zu erweisen. Jetzt, nach all den vielen Jahren, konnte ihre rastlose Seele endlich Frieden finden. Mir jedoch blieb nur ein goldener Ring und dieses Lied von ihr, welches ich in so manch lauer Nacht noch höre: *You Don´t Bring Me Flowers*. Und mir blieb die Erinnerung an diese wunderschöne junge Frau *Sharon*.

Ninas Engel

Was für ein furchtbares Jahr. Erst schlug sie ihr Freund krankenhausreif, dann floh sie mit ihrer zehnjährigen Tochter ins Frauenhaus. Schließlich der Nervenzusammenbruch, und nun? Der Chef hatte sie zu sich gerufen. Mit fahlem Gesicht meinte er lediglich, dass die Firma bankrott sei. Kein Geld mehr, auch nicht, um sie zu bezahlen. Und wer bezahlte nun die Miete, die Kredite, die Schulden? Nina hatte mit ihren fünfunddreißig Jahren schon eine Menge Mist erlebt. Die winzige Wohnung im zehnten Stock dieses grauen seelenlosen Betonsilos mitten in Marzahn, es war die Hölle! Irgendwann begann sie zu trinken. Drogen nahm sie nie. Und doch. Oft, wenn es dunkel war, lief sie die zwei Treppen hinaus aufs Dach. Dann schaute sie hinunter in den gähnenden schwarzen Abgrund und wusste nicht, ob sie springen sollte oder nicht. Wer wartete schon auf sie? Sandra, ihre Tochter hatte man ihr schon vor zwei Jahren weggenommen. Also, wofür lohnte es sich noch zu leben? So dicht stand sie am Abgrund und starrte in die Tiefe. Nur noch ein winziger Schritt – doch sie tat es nicht. Mit Tränen in den Augen schaute sie auf – vor ihr breitete sich die riesige Stadt Berlin aus. Von hier oben sah alles so wunderschön und friedlich aus. So als ob es überhaupt keine Not und auch keine Sorgen gäbe. Der kühle Nachtwind spielte mit ihren langen blonden Haaren. Irgendjemand aus dem Haus hatte ihr mal angeboten, in einem Nachtclub als Tänzerin zu arbeiten. Vielleicht auch als Hostess in einem Bordell. Sollte sie das wirklich tun? Sich am Ende mit irgendwelchen fetten, feisten Kerlen im letzten Drogenrausch selbst verlieren? Für fünfzig Euro die Stunde? Weinend brach sie zusammen. Sie legte sich auf das Dach und starrte in den sternenklaren Himmel hinauf. Warum hatte sie kein Glück? Wer bestimmt das überhaupt? Immer waren es die anderen, die von tollen Urlauben und Familien mit vielen lachenden Kindern, die alles hatten, erzählten. Ein Haus im Grünen, wie lebt sich's denn dort überhaupt? So gern wollte sie es in diesem Moment erleben. Vielleicht für immer erleben? Nur einmal glücklich sein! Aber hier? Jenseits von Glücksseligkeit! Jenseits aller Träume! Eingepfercht in vierzig Quadratmetern Einsamkeit! Sie hörte, wie ihr Herz schlug – ja, es schlug noch immer. Sie war doch noch nicht tot. Sie lebte noch. Als sie so nachdenklich in den Sternenhimmel sah, bemerkte sie gar nicht, wie irgendetwas neben ihr erschien. Es war ein Engel mit weißen leuchtenden Flügeln. Lange stand er auf dem Dach neben ihr und schaute zusammen mit ihr in die Unendlichkeit. Mit leiser Stimme begann er zu sprechen: „Es wird kalt hier oben. Willst Du nicht ins Haus gehen?" Nina erschrak nicht, als sie die fremde Stimme vernahm. Im Gegenteil, die warme sanfte Stimme erschien ihr beinahe wie ein Ruf aus einer anderen Welt. Ein Singen fast. So als sei sie irgendwo anders, nur nicht auf einem kalten Hochhausdach. Sie schaute den Engel an und lächelte. „Wie schön Du bist", sagte sie weinend, „ich habe immer gewusst, dass es Engel gibt." Der kleine Engel strich ihr behutsam übers Haar und sagte dann: „Ach weine doch nicht. Auch wir Engel sind allein, manchmal. Wenn wir zu Euch Menschen gehen, um für Euch da zu sein. Denn wir können nur in Eure Träume fliegen, wenn ihr allein seid. Fürchte Dich nicht. Ich bin immer bei Dir. Selbst, wenn Du hier oben stehst und an so furchtbare Dinge denkst wie eben noch. Du musst immer wissen, dass Dich jemand liebt. Denn Du bist einzigartig. Und Du bist stark, unglaublich stark." Nina glaubte, sie schwebte über ihrem Haus. So leicht fühlte sie sich plötzlich in jenem wundervollen Augenblick. So federleicht hatte sie sich nie zuvor gefühlt. Und auch noch nie so sicher. In Gegenwart dieses liebevollen Engels glaubte sie, nichts könnte ihr mehr geschehen. In ihrem Herzen spürte sie wieder neue Kraft und in den Armen und Beinen, selbst im Kopf schien neuer Lebenssaft zu pulsieren. Und noch etwas entdeckte sie tief in sich drin. Es war etwas, das sie schon glaubte, für immer verloren zu haben, die Liebe. Was für ein Wunder. Ja, es war ein Wunder, Ninas Wunder. Nur für sie ganz allein. Hier über den Dächern dieser großen Stadt. Selbst ein Flugzeug schien in diesem magischen Moment nicht höher fliegen zu können. Nicht einmal die Sterne schienen ihr zu weit. Es war alles so nah, so erreichbar nah.

Plötzlich wusste sie, dass sie alles erreichen konnte. Mit dieser neuen Kraft würde es ihr gelingen. Sie wollte dem Engel von diesen Gefühlen erzählen, wollte ihm sagen, wie gut sie sich plötzlich fühlte. Doch als sie aufschaute, war der Engel verschwunden. Nur der nicht endende Nachtwind verfing sich in ihren Haaren. Langsam stand sie auf und stellte sich noch einmal an den Rand des Daches. Noch immer war es furchterregend, diese Schwärze, dieser Abgrund vor ihr. Doch sie stand, fest und sicher, wenngleich auf diesem Hochhausdach. Und ihr wurde plötzlich klar, dass es völlig egal war, wo sie stand. Immer wird es schwierig sein. Auch anderswo. Ist die ganze Welt nicht wie dieses Hochhausdach? Hat man nicht überall die Wahl zu springen oder eben doch nicht? Ja, man hat die Wahl! Man hat immer eine Wahl. Die Wahl zwischen Leben und Tod. Die Wahl zwischen Aufstieg und Verdammnis. Die Wahl zwischen Menschsein und Verlorenheit. Sie schlug den Kragen ihrer Jeansjacke hoch und ging zum Treppenhaus zurück. Als sie in ihre Wohnung kam, fühlte sie sich todmüde, aber nicht mehr lebensmüde und schwach. Sie schaute sich schweigend um und lächelte. Ja, sie lächelte und wusste plötzlich, dass sie nicht allein war. Niemand ist wirklich allein. Engel gibt es überall. Auch in der engsten Hütte. Und in ihrem Herzen. Dort gab es jetzt keine Einsamkeit mehr. Nie gab es dort Einsamkeit. Ihr Engel war immer bei ihr, jetzt wusste sie es. Sie legte sich ins Bett und schlief schnell ein. Am nächsten Tag suchte sie sich einen neuen Job. Zunächst arbeitete sie als Zeitungsbotin. Und sie verdiente nicht das große Geld. Aber sie fühlte sich gut, reich an Ideen und an Mut. Mut zum Weitermachen. Sie besiegte den Alkohol, trank nicht mehr, rauchte auch nicht mehr, nie mehr! Es war die Zuversicht, die in ihr kämpfte, eine schier grenzenlose Hoffnung. Mit dieser Hoffnung fand sie schließlich einen netten jungen Mann, der sie über alles liebte und mit dem sie sehr glücklich wurde. Die beiden bekamen einen Sohn. Sandra, ihr erstes Kind, wurde ihr wieder zugesprochen. Sie zogen in ein kleines Häuschen am Rande von Berlin. Und manchmal saßen sie bis nachts noch im Garten und spürten, wie der laue Sommerwind an ihnen vorüber strich. Eines Tages hatte Nina eine fantastische Idee: Zusammen mit ihrem Mann gründete sie einen Verein für notleidende Mütter – er nannte sich „Ninas Engel"!

Die weiße Kapelle

Es war eine wunderschöne Hochzeit. Elli war froh, endlich den richtigen Mann gefunden zu haben. Sie hatte es schon nicht mehr für möglich gehalten, doch ihre Schwiegermutter teilte diese Freude nicht. Sie schien Elli zu hassen und nutzte jede noch so lapidare Möglichkeit, um Elli zu diskreditieren. Elli hingegen war glücklich. Ihr Ehemann Ken verdiente sehr viel Geld mit einer eigenen Immobilienfirma und die Geschäfte liefen bestens. Es war nur noch ein einziger Wunsch, den die junge schöne Frau bisher nie laut aussprach: sie wollte so gern eine kleine weiße Kapelle haben, wo sie ab und an hingehen konnte, um zu beten. Als Ken von Ellis Wunsch erfuhr, war er sofort einverstanden. Überhaupt las er ihr beinahe jeden Wunsch von den Lippen -und sogar von den Augen- ab. Er wollte seine Frau glücklich sehen, und die weiße Kapelle wurde gebaut. Als sie fertig war, wollte Elli nur noch eines: ihrem Ken in dieser wunderschönen Kapelle noch einmal ihr Ja-Wort geben. Auch damit war Ken einverstanden und es sah so aus, als wenn die beiden das glücklichste Ehepaar der Welt seien.

Die Schwiegermutter mit Namen Agatha aber hasste Elli wie die Pest. Sie konnte es nicht verwinden, dass es nun Elli war, die Kens Vermögen aus den Immobilienverkäufen genießen durfte. Sie selbst aber war abgeschrieben und sann in jeder Sekunde nach irgendetwas, das Elli in Misskredit bringen konnte. Als sie dann auch noch von der weißen Kapelle erfuhr, schwor sie ihrer Schwiegertochter, dass sie nicht sehr lange Freude an dem kleinen Bauwerk haben würde.

Eines nachts hatte Elli einen sonderbaren Traum. Sie sah sich in der kleinen Kapelle, neben sich Ken und vor sich den kleinen Altar. Plötzlich verfinsterte sich der Tag und riesige Hagelkörner, die so groß wie Hühnereier waren, prasselten unheilvoll vom Himmel herab. Sie drohten die kleine Kapelle zu zerstören, doch sie hielt Stand. Dafür aber verlor sie ihre weiße Farbe, wurde pechschwarz und aus dem Inneren des Altars drang ein schrilles bedrohliches Lachen.

Schweißgebadet erwachte Elli und wusste nicht, wie sie das alles verstehen sollte. Es war ein furchtbarer Alptraum und sie sollte noch weitere zehn Nächte derartig furchterregende Träume haben. Schließlich hielt sie es nicht mehr aus. In der elften Nacht brachte sie kein Auge zu und stand auf, um zur weißen Kapelle zu gehen. Sie wollte dort ein Gebet sprechen und sich vorm Altar zur Ruhe legen. Sie fühlte sich einfach wohler, wenn sie die Kapelle selbst bewachte. So glaubte sie, sicher zu sein, dass nichts Schlimmes geschah. Das kleine Häuschen lag gespenstisch unter den düsteren Baumschatten und nur die milchig leuchtende Scheibe des Vollmondes spendete ein ganz klein wenig Licht, damit man den Weg zur Kapelle noch sehen konnte. Vorsichtig und leise öffnete Elli die schwarze metallene Gittertür und setzte sich traurig neben den kleinen Altar. Leise sprach sie ein Gebet und hoffte inständig, dass all ihre schlimmen Alpträume niemals wahr werden würden.

Plötzlich jedoch geschah das Entsetzliche! Ein heftiger Hagelschauer setzte ein und der immer heftiger werdende Sturm peitschte die hühnereigroßen Hagelkörner wie Geschosse gegen die weißen Mauern der kleinen Kapelle. Es schien, als könnte das winzige Häuschen nichts entgegensetzen und im Mauerwerk knackte es bereits bedenklich. Aber auf einmal verfärbten sich die Mauern des Häuschens, was Elli wegen der dunklen Nacht ja nicht sehen konnte. Schließlich waren die Mauern in der pechschwarzen Nacht nicht mehr zu sehen. Stattdessen fuhren grelle Blitze aus ihnen heraus, die geradewegs in den wolkenverhangenen Himmel zuckten. Sie zerschnitten regelrecht die Hagelwolken, die dem Angriff nicht sehr lange standhalten konnten. Sie lösten sich einfach auf und die Kapelle wurde wieder weiß. Erleichtert erhob sich Elli, denn die vielen Gebete schienen sich gelohnt zu haben.

Langsamen Schrittes verließ sie die kleine Kapelle und wollte ihrem Mann von dieser Neuigkeit berichten. Längst war es heller Morgen, doch als sie heimkehrte, kam ihr schon die Stiefmutter entgegen. Sie war sehr aufgelöst und berichtete Elli, dass sie Ken leblos im Haus aufgefunden habe. Elli konnte das nicht glauben, doch als sie ins Schlafzimmer schaute, lag da ihr Mann auf dem Bett, und er war tot. Weinend brach Elli vor dem Bett zusammen und die Stiefmutter lachte sich heimlich ins Fäustchen. Für sie schien sich das lange Abwarten gelohnt zu haben, denn nun würde die Ehe ihres Sohnes beendet sein und sie konnte die verhasste Schwiegertochter Elli endlich davonjagen. Letztlich würde sie sich das Vermögen ihres Sohnes aneignen können und die Kapelle abreißen lassen. Allerdings konnte sie nicht mit Ellis starkem Willen rechnen, denn die wollte sich mit dem Tod ihres geliebten Ken keinesfalls abfinden. Sie rief den Pfarrer an, aber nicht, um Ken abholen zu lassen – sie wollte Ken in die weiße Kapelle bringen, um dort für ihn zu beten. Der Pfarrer kam schnell und gemeinsam brachten sie Ken auf einer Trage zur Ka-

pelle. Die Schwiegermutter half zu keiner Sekunde –
sie hatte sich in ihrem Zimmer im Obergeschoss ver-
schanzt und alles beobachtet. Als sie sah, wie die bei-
den den leblosen Leichnam in den Wagen des Pfarrers
schoben, rannte sie in Windeseile die Treppe nach
unten, um sogleich zur Kapelle zu eilen. Dort ver-
steckte sie sich hinter dem Haus und wartete ab.
Elli und der Pfarrer stellten die Trage mit Kens Leich-
nam neben dem Altar ab. Dann knieten sie nieder und
sprachen ein Gebet nach dem anderen. Doch statt
eines Wunders verfinsterte sich erneut der Himmel
und ein noch viel heftigeres Unwetter als das, was Elli
bereits in der Nacht erlebt hatte, ging über der Kapelle
nieder. Die Schwiegermutter, die noch immer hinter
der Kapelle ausharrte, frohlockte vor Glück. Denn sie
war sich sicher, dass der Teufel gekommen war, um
Elli, den Pfarrer und letztlich den toten Ken zu sich zu
holen. Doch dem war nicht so, denn erneut verfärbte
sich die Kapelle tiefschwarz und schickte grelle Blitze
in den düsteren Himmel. Schon begann die Schwie-
germutter schrill zu lachen, da fuhr einer der Blitze
auf sie hernieder. Sie fiel um und an ihrer Stelle fuhr
eine grelle Stichflamme in den Himmel. Alsbald ver-
zogen sich der Hagel und der fürchterliche Sturm. Die
Kapelle erstrahlte in einem leuchtenden Weiß, wie sie
wohl noch niemals erstrahlte. Und das Wunder hatte
sich vollzogen, denn Ken war von seiner Trage aufge-
standen. Er lebte und fiel seiner geliebten Elli wei-
nend um den Hals. Alle Gebete hatten gewirkt und
Ken ins Leben zurückgeholte. Der Pfarrer konnte das
Wunder kaum fassen und Elli konnte gar nicht mehr
von ihrem Ehemann Ken lassen.

Die weiße Kapelle wurde zum Wallfahrtsort und all die Menschen, die kamen, beteten und erlebten Wunder, die sie sich nie vorzustellen vermochten.

Ja, und immer, wenn ein Unheil drohte, verfärbte sich das weiße Mauerwerk der Kapelle, wurde pechschwarz und grelle Blitze zuckten zum Himmel empor. Einige Leute meinten, dort oben im Himmel eine Gestalt gesehen zu haben. Nein, es war nicht die der bösen Stiefmutter, sondern vielmehr die Silhouette eines alten Mannes mit einem langen weißen Bart!

Nachts auf dem Kiez

Es war eine kalte verregnete Nacht. Die Red-Avenue am Ende des Kiezes lag in der schwarzen Dunkelheit und es war kurz nach Mitternacht. Susan und ihre Freundin Hazy waren wie fast jeden Abend dort unterwegs, um Geld zu verdienen. In dieser Nacht allerdings war es sehr schwierig, denn es wollte einfach kein Freier anbeißen. Vielleicht lag das an dem strömenden Regen oder es waren einfach zu wenig Leute unterwegs. Hazy hatte ihren Standplatz nicht sehr weit von Susan an einem kleinen Waldstück und die beiden versuchten, sich nicht aus den Augen zu verlieren. Denn gerade in der letzten Zeit häuften sich die kriminellen Übergriffe und es wurden bereits drei Prostituierte vermisst. Die Täter blieben meist unbekannt und im Dunkeln und die Zeiten waren hart, sehr hart. Gegen Zwei Uhr konnte Susan ihre Freundin nicht mehr sehen. Sie versuchte, Hazy auf dem Handy zu erreichen, doch es war vergeblich. Eigentlich hatten sie sich vereinbart, kurz anzurufen, wenn sie mit einem Kunden mitfuhren, damit der andere sah, dass alles in Ordnung war. Diesmal jedoch war alles anders. Hazy war verschwunden und Susan machte sich große Sorgen. Sie schaute sich nach allen Seiten um und lief durch den immer stärker werdenden Regen zu Hazys Standplatz. Doch dort war Hazy nicht. Nur ein großer schwarzer Vogel saß auf einem herunterhängenden Ast und gab seltsame Töne von sich. Susan gefiel die Situation absolut nicht und sie rief sofort die Polizei. Die kam auch recht schnell und der ermittelnde Kommissar versuchte, Susan zu beruhigen. Vielleicht hatte Hazy nur vergessen, sich bei ihrer Freundin zu melden. Doch Susan beteuerte, dass Hazy das noch nie vergessen hatte und es ihnen sehr wichtig war, dass der andere Bescheid wusste. Und natürlich dachte auch der Kommissar an die Möglichkeit, dass Hazy etwas Schlimmes zugestoßen sein könnte. Er schlug vor, Susan nach Hause zu fahren und sich weiterhin um die Suche nach Hazy zu kümmern. Vielleicht war sie ja auch nur mal kurz im Wald verschwunden, um einer Notdurft nachzukommen. Susan war einverstanden und der Kommissar fuhr sie nach Hause. Als er nochmals zum Wäldchen zurückkehrte, suchte er alles mit seiner Taschenlampe ab. Doch weder einen Hinweis auf Hazys Verschwinden noch eine heiße Spur auf ein Verbrechen fand er. Nichts. Es schien, als habe sich Hazy einfach in Luft aufgelöst. Susan war unterdessen im Treppenhaus ihres ziemlich heruntergekommenen Mietshauses unterwegs und stieg die knarrenden schmierigen Stufen nach oben in ihr kleines Appartement. Es war stockdunkel, weil die Hausverwaltung die defekten Glühbirnen nicht ausgewechselt hatte. Immer wieder stolperte Susan mit ihren hochhackigen Schuhen über Unrat und über die ausgetretenen wackeligen Stufen. Plötzlich vernahm sie das furchterregende Geschrei eines Tieres. Sie zuckte zusammen und presste sich vor Angst an die schmutzige feuchte Hauswand. Am Hausfenster, eine Treppe höher entdeckte sie den großen schwarzen Vogel aus dem Wäldchen. Er saß auf dem Fensterbrett und gab gellende Schreie von sich. Doch das war nicht mal das allerschlimmste. Der Vogel hatte feuerrote Augen, die unentwegt in ihre Richtung zu starren schienen. Susan wusste nicht, ob sie weiterlaufen oder aus dem Haus rennen sollte. Sie entschied sich, an dem Vogel vorbei zu rennen. Und sie nahm allen Mut zusammen und sprang die Stufen am Hausfenster vorüber bis zu ihrer Wohnungstür. Mit zitternden Händen schloss sie die Tür auf. Als sie in der Wohnung war, knallte sie die Tür hinter sich zu und schloss mehrmals ab. Stöhnend und am ganzen Leibe bebend lehnte sie sich gegen die Tür und musste das Erlebte erst einmal verarbeiten. Was war das nur für ein grässlicher Vogel? So etwas hatte sie ja noch nie zuvor gesehen. So schnell sie konnte schaltete sie das Licht in allen Räumen ein und ließ die Jalousien an den Fenstern herunter. Sie wollte unter keinen Umständen, dass der Vogel in ihre Wohnung schauen konnte. Er hatte so etwas Gruseliges an sich – sie konnte es sich einfach nicht erklären.

Plötzlich vernahm sie ein Geräusch. Es kam von der Wohnungstür. Wie angewurzelt blieb sie stehen! Es hörte sich an wie ein Kratzen. Langsam und leise schlich sie zur Tür und lauschte einige Sekunden. Immer wieder setzte das Kratzen ein und Susan schaute durch den Türspion, um irgendetwas zu erkennen. Draußen vor der Wohnungstür war es dunkel, nur ein leuchtend rotes Augenpaar stach durch die Dunkelheit. Susan erschrak sich fürchterlich und spürte, wie ihr das Herz beinahe aus der Brust sprang. Was konnte das nur sein? Der Teufel? Ein Geist vielleicht? Sollte sie die Polizei rufen? Aber was sollte sie den Beamten sagen? Dass ein Geist mit roten Augen an ihrer Wohnungstür kratzte? Das würde ihr keiner glauben. Immerhin war sie eine Prostituierte und außerdem ziemlich fertig mit ihren Nerven, vermutlich würden die Beamten nur an ihrem Geisteszustand zweifeln. Nein, sie musste das alles ertragen, aushalten und warten, bis es vorüber war. Doch es war nicht vorüber! Immer wieder hörte sie diese Geräusche und auf einmal musste sie weinen. Die ganze Verzweiflung der letzten Tage und Wochen kamen in ihr hoch und sie verfluchte die Tatsache, jemals als Prostituierte gearbeitet zu haben. Sie hätte ihr Leben ändern müssen. Aber nun? Ihre beste Freundin Hazy war verschwunden und nun kam auch noch dieser böse Geist. Plötzlich hörte das Kratzen auf und Susan wollte schon erleichtert durchatmen. Da fiel der Strom aus und ein eiskalter Wind fegte durch die Räume. Susan blieb vor Schreck beinahe das Herz stehen. Was war das nun schon wieder? In diesem Augenblick befürchtete sie schon, diese Wohnung nie mehr lebendig verlassen zu können. Ihr wurde übel und die hätte sich am liebsten sofort übergeben. Doch da rief plötzlich jemand vor der Wohnungstür nach ihr: „Hallo Susan, bist Du daheim, hallo! Ich bin´s, Hazy." Susan glaubte zu träumen, aber es war tatsächlich die Stimme ihrer Freundin Hazy. Sie musste ihr wohl gefolgt sein und stand nun vor ihrer Tür. Aber warum hatte sie sich nicht schon eher bei ihr gemeldet. Susan war wie gelähmt und wollte die Tür öffnen. Irgendetwas hielt sie noch zurück. Vielleicht war das auch nur eine Falle? Doch wer sollte schon Hazys Stimme nachahmen, nur um in ihre Wohnung zu gelangen? Es gab doch nichts bei ihr zu holen. Außerdem – wer konnte schon Hazys Stimme nachahmen? Sie nahm all ihren Mut zusammen und öffnete die Tür. Da der Strom noch immer nicht zurück war, konnte sie nicht sehen, wer da vor ihrer Tür stand. Es war der schwarze Vogel, der panisch in die Wohnung flog. Susan schrie laut auf und rannte ins Wohnzimmer, um sich unterm Tisch zu verbergen. Doch da vernahm sie erneut Hazys Stimme: „Nicht wegrennen! Ich bin´s, Hazy! Ich bin der Vogel. Der Leibhaftige hat mich in diesen Vogel verwandelt. Ich konnte ihm aber entkommen, habe bis zu Deiner Wohnung gefunden und nun ist er hinter mir her. Verriegele sofort die Tür!" Susan rannte aus dem Wohnzimmer, tastete sich zur Wohnungstür und wollte sie abschließen, doch dazu war bereits zu spät. Sie wusste, dass es tatsächlich Hazy war, die da in Vogelgestalt zu ihr geflogen war. Denn es war auch ihr Parfum, welches Susan bestens kannte und welches nun in der Wohnung schwebte. Sie wollte etwas zu Hazy sagen, doch da fuhr erneut ein eisigkalter Wind durch alle Räume und eine leuchtende Gestalt stand bedrohlich in der offenen Wohnungstür. Susan hatte sich an die Wand gepresst und wusste im ersten Moment nicht, was sie tun sollte. Wirre Gedanken flogen ihr durch den Kopf und sie sah sich schon von dem leuchtenden Unhold verfolgt. Doch da flüsterte Hazy, die dicht hinter ihr stand: „Überlege nicht lange, hole das Jesusbild mit dem Kreuz, welches an der Wand hängt. Halte es dem Satan entgegen, schnell!" Susan wusste, dass irgendwo das Bild hing, nur wie weit sie von dem Bild entfernt war, konnte sie in der Dunkelheit nicht abschätzen. Sie tastete die Wände ab und schlich sich Schritt für Schritt durch den Korridor. Der vermeintliche Satan stöhnte laut und kam langsam auf Susan zu. Doch die suchte verzweifelt nach dem Jesusbild. Endlich ertastete sie etwas, dass sich wie ein kleines Bild anfühlte. Vorsichtig nahm sie es von der Wand und konnte nicht erkennen, was es war. Ihr war schon alles egal und sie hielt es entschlossen dem Satan entgegen. Zunächst geschah nichts und die Gestalt bewegte sich noch immer auf Susan und den schwarzen Vogel zu. Doch plötzlich begann das Bild hell aufzublitzen. Der Satan schrie und wich entsetzt zurück.

Schließlich zuckte ein greller Blitz auf den Satan nieder und verschlang ihn in einer grellen Stichflamme. Kaum war das geschehen, da schaltete sich auch schon das Licht wieder ein. Susan lehnte noch immer ängstlich an der Wand und hatte das Jesusbildchen in ihrer Hand. Hinter ihr war allerdings kein Vogel mehr, sondern Hazy. Sie schien wohl behalten zu sein und lächelte irritiert. Susan aber war der Schreck in die Glieder gefahren und sie musste sich erst einmal setzen. Hazy kam zu ihr und die beiden brauchten erst einmal eine Weile, um sich zu beruhigen. Solch ein unfassbares Erlebnis hatten sie wahrlich noch nie. Es dauerte eine knappe Stunde, die beiden jungen Frauen hatten sich schon einen starken Kaffee aufgebrüht und saßen erleichtert auf dem Sofa, da klingelte es an der Tür. Susan durchzuckte es und auch Hazy starrte zur Tür. Doch als Susan durch den Türspion schaute, sah sie den Kommissar davorstehen. Sie öffnete die Tür und bat den Kommissar herein. Der war recht guter Dinge und kam gleich mit einer frohen Botschaft. Man habe die vermissten drei Prostituierten gefunden. Sie kamen aus dem Waldstück gelaufen und faselten etwas von einem schwarzen Vogel, und von einem schwarz gekleideten Mann, der aussah wie der Satan. Susan schaute vielsagend zu ihrer Freundin und dann meinte der Kommissar, dass man den Täter finden konnte. Er lag leblos vor dem Wäldchen und die beiden sollten doch mitkommen. Vielleicht erkannten sie ihn ja. Als sie vor dem Wäldchen eintrafen, waren dort schon dutzende Polizeifahrzeuge mit blinkenden Lichtern. Susan und Hazy wurden an den leblosen Körper herangeführt und sie erkannten die Person sofort. Es war der Fremde, der hinter Hazy her war und in Susans Wohnung wollte. Er leuchtete jedoch nicht mehr wie in Susans Wohnungstür. Er war totenbleich und in einen langen schwarzen Mantel mit einer breiten Kapuze gehüllt. Doch das allermerkwürdigste war, dass auf seiner Stirn etwas eingebrannt war. Susan beugte sich herunter und erschrak!

Es war das Bildnis von Jesus mit dem Kreuz!

Die Frau auf dem Felsen

Es waren wunderschöne Spätsommertage an dieser märchenhaften Steilküste. Der scheinbar endlose Atlantik schlug hier mit zügelloser Kraft an die Felsen und erzeugte weißen Schaum auf den meterhohen Wogen. Würzig schmeckte die Luft und sie schien voller Abenteuer zu stecken. Ich liebte diese Wildheit und setzte mich ins Gras nahe dem Abgrund. Lange schaute ich auf den tobenden Ozean hinaus bis ich plötzlich diese seltsame Frau sah. Regungslos stand sie am Rand des Abgrundes, ungefähr hundert Meter von mir entfernt und starrte hinunter in die Tiefe. Sie war mit einem langen schwarzen Gewand bekleidet, welches ganz sanft vom Wind bewegt wurde. Mir kam das sehr seltsam vor und wollte zu ihr hinüber gehen. Doch als ich aufstand, um zu ihr zu gehen, verschwand sie plötzlich. Ich schaute mich nach allen Seiten um, doch ich konnte sie nirgends mehr entdecken. Als es dann auch noch zu regnen begann, lief ich zu meiner kleinen Pension zurück. In der gemütlichen Gaststube aß ich zu Abend und kam mit einem älteren Mann ins Gespräch. Wir unterhielten uns über das Wetter, das Meer und so manch andere Themen. Und da wir uns recht gut verstanden, stellten wir uns vor. Er nannte sich Bob. Wir hatten eine Menge Spaß und er bestellte eine Runde nach der anderen. Irgendwann konnte ich nicht mehr und gab zum guten Schluss noch meine merkwürdige Beobachtung an der Steilküste zum Besten. Doch Bobs Reaktion war nicht so, wie ich sie mir erhoffte. Er wurde sehr ernst und meinte dann, dass vor zehn Jahren eine Frau namens Claire Adams an der Steilküste umgebracht wurde. Sie wurde erstochen, aber den Täter konnte man nie finden. Und so irrt die Seele dieser Frau noch immer an der Steilküste umher. Ich war zu müde, um etwas dazu zu sagen und zog mich auf mein Zimmer zurück. Obwohl ich todmüde ins Bett fiel, ging mir die Sache mit dieser rätselhaften Claire nicht aus dem Sinn. Sollte tatsächlich etwas Wahres an dieser Geschichte sein oder war das alles nur Seemannsgarn? Am nächsten Morgen verließ ich schon sehr zeitig die Pension. Ich wollte im Ort ein wenig recherchieren. Vielleicht bekam ich ja einige Informationen darüber, was sich damals zugetragen hatte. An einem kleinen Zeitungskiosk wurde ich fündig. Die allseits informierte Zeitungsverkäuferin schien sich noch sehr genau erinnern zu können. Sie sagte, dass Claire Adams damals mit einem streitsüchtigen Seemann verlobt war. Doch dieser Mann war ein Schläger und verprügelte Claire täglich. Immer sei sie mit blauen Flecken am Kiosk erschienen. Eines Tages aber kam sie nicht mehr. Es hieß, ihr Verlobter habe sie erstochen und dann die Steilküste hinuntergestürzt. Und so schien es auch zu sein. Denn man fand Claire tot und mit dutzenden Messerstichen im Leib am Fuße der Steilküste zwischen den spitzen Steinen liegend. Obendrein trug die Leiche der armen Frau unzählige Knochenbrüche und blaue Flecke. Doch ob die von den Schlägen herrührten oder nur die Verletzungen nach dem entsetzlichen Sturz waren, konnte man nicht mehr herausfinden. Zu lange lag die Leiche im seichten Wasser zwischen den Felsen. Ich hörte der Verkäuferin aufmerksam zu, erwähnte jedoch nichts von meinen merkwürdigen Beobachtungen an der Küste. Nachdenklich ging ich wieder zur Wiese auf der dem Felsen. Ich legte mich ins Gras und dachte lange nach. Wo konnte der Täter nur sein? War es wirklich dieser Seemann? Und wenn, wo hielt er sich jetzt auf? Der Wind wurde immer stärker und verwandelte sich in einen tobenden Orkan. Ich hatte große Mühe, mich gegen die heftigen Böen zu stemmen, als ich zur Pension zurücklief. Unterwegs sah ich einen Mann, der ebenfalls von der Steilküste kommen musste. Er hatte wie ich mächtig gegen den Sturm anzukämpfen. Irgendwie erschien mir das Verhalten des Mannes recht seltsam, denn er schaute sich ständig nach allen Seiten um. Mir schien, als störte es ihn, dass ich ihn beobachtete. Hinter einem alten Haus verschwand er schließlich. Ich wäre gern weiter an ihm drangeblieben, doch der Sturm war einfach zu stark. Nur mit größter Anstrengung erreichte meine Pension. In meinem Zimmer versuchte ich, meine Gedanken und Beobachtungen, sowie die Informationen der Zeitungsverkäuferin zu sortieren. Aber so sehr ich auch versuchte, mir ein stimmiges Bild zusammenzustellen, es gelang mir einfach nicht. Nichts passte so richtig zusammen.

Und der fremde Mann, der sich ständig umschaute, musste keinesfalls der Täter gewesen sein. Immerhin waren zehn Jahre seit dieser grausamen Tat vergangen. Der Täter konnte schon lange im Ausland leben oder vielleicht selbst schon tot sein. Trotzdem ließ mir das Ganze keine Ruhe mehr. Außerdem erinnerte ich mich, dass viele Täter oft an den Ort ihrer Tat zurückkehren. Sollte das auch hier der Fall sein? Gegen Abend hatte sich der Sturm gelegt und ich ging wieder zur Wiese auf der Steilküste. Irgendwie hatte ich mich in diesen wundervollen ruhigen Ort verliebt. Mir gefiel es dort und ich genoss jede Minute. Plötzlich sah ich den fremden Mann, der mir schon am Vormittag durch sein seltsames Verhalten auffiel. Ich fragte mich, was er hier zu suchen hatte. War er mir gefolgt? Wollte er etwa zu mir? Vielleicht hatte er ja doch etwas zu verbergen? Er kam immer näher, doch plötzlich stolperte er und stürzte. Offenbar war das Gras noch sehr nass und der Fremde rutschte einige Meter bis zum Abgrund. Dort erkannte er, in welcher Gefahr er sich befand und schrie laut. Ich war längst aufgesprungen und rannte zu ihm, um ihm zu helfen. Doch als ich kurz vor ihm war, verließen ihn die Kräfte. Er rutschte den Abhang, der glücklicherweise nicht so steil an dieser Stelle war, hinunter und blieb regungslos auf den spitzen Steinen am Ufer liegen. Erschrocken schaute ich hinunter und begriff im ersten Moment nicht, was da geschah. Plötzlich erschien die schwarz gekleidete Frau – sie schwebte über dem Abgrund und starrte ohne Rührung hinunter. Dann schaute sie zu mir und zeigte mit einer Hand nach unten zu dem Fremden. Jetzt begriff ich, was sie meinte – der fremde Mann musste der Täter sein, der sie damals ermordete. Minutenlang schwebte sie über dem Abgrund und der Wind verfing sich gespenstisch in ihren schwarzen Kleidern. In der Jackentasche suchte ich nach meinem Handy, fand es aber nicht. Noch einmal schaute ich nach unten, wollte mich vergewissern, dass der Fremde noch am Ufer lag. Hinunter klettern konnte ich nicht. Es war einfach zu gefährlich. Wenn ich ausrutschte und ebenfalls abstürzte, könnte ich keine Hilfe holen. Ohne noch weiter nachzudenken rannte ich, so schnell ich konnte in den Ort zur Polizei. Dort schilderte ich kurz den Sachverhalt und teilte den Beamten meinen Verdacht mit. Mit einem Hubschrauber flogen die Beamten sofort los und fanden den Mann. Er lag noch immer wie leblos auf den Steinen am Fuße der Felsen. Doch er lebte und konnte sicher geborgen werden.

Tage später erfuhr ich, dass er alles gestanden hatte. Außerdem stimmte seine DNA mit der an der damals am Fundort der Toten gefundenen Geldbörse überein. Demnach war es damals an der Steilküste zu einem heftigen Streit gekommen. Nachdem seine Frau ihm offerierte, dass sie ihn verlassen würde, drehte er durch und erstach sie mit einem Taschenmesser. Dann stieß er sie die Steilküste hinunter. Bei seiner überhasteten Flucht verlor er seine Geldbörse. Sie fiel ebenfalls hinunter und lag neben der Toten auf einem großen Stein. Das Taschenmesser bewahrte in seinem Hause auf. Die Polizei fand es bei der Durchsuchung seines Hauses unter den Kieselsteinen in seinem Aquarium. Als ich am Tag darauf wieder an der Steilküste spazieren ging, sah ich die rätselhafte Frau in den schwarzen Kleidern. Sie schaute zu mir herüber und ich bemerkte, dass sie lächelte. In diesem Augenblick wusste ich, dass ihre Seele endlich die Ruhe fand, die sie bisher nie finden konnte. Dann verschwand sie und kehrte niemals wieder.

Die Elfe im See

Es war im Sommer 1993. Ich war gerade auf dem Weg in meinen verdienten Sommerurlaub. Die Reise auf dem Highway zog sich allerdings derart lange hin, dass ich immer wieder einen Zwischenstopp einlegen musste. Die unerträgliche Hitze lähmte meine Gedanken und brachte das Lenkrad zum Glühen, sodass ich es kaum noch bewegen konnte. Außerdem brauchte ich dringend eine Abkühlung. Bei der nächsten Abfahrt fuhr ich raus und hielt kurz den Wagen an. Ich wollte einen kräftigen Schluck aus meiner Wasserflasche nehmen. Doch das Wasser hatte sich derart aufgeheizt, dass es nahezu unmöglich schien, den Durst damit zu löschen. So fuhr ich einfach weiter die Landstraße entlang. Vielleicht fand ich ja irgendwo einen Fluss oder eine andere Wasserstelle, wo ich gleich ein Bad nehmen konnte. Als ich durch ein dichtes Waldstück fuhr, entdeckte ich einen winzigen See. Er lag so ruhig und friedlich inmitten des Waldes, dass ich sofort meinen Wagen anhielt. Nirgends konnte ich jemanden entdecken – es schien keiner da zu sein. Natürlich freute ich mich riesig und zog mich bis auf meine Badehosen aus. Aus dem Kofferraum meines Wagens holte ich eine Decke und legte sie auf die Wiese am Ufer. Dann sprang ich ins Wasser. Es war kühl und angenehm erfrischend. Ich trank mehrere Schlucke von diesem klaren Nass und es war so unglaublich angenehm, dass mein Durst schnell gelöscht wurde. Ich schwamm und tauchte und hatte einen Riesenspaß an diesem wunderbaren Bad. Immer wieder schaute ich zum Ufer, doch noch immer war niemand zu sehen. Ich wunderte mich darüber, weil dieser idyllisch gelegene See doch eigentlich ein regelrechtes Erholungsgebiet sein könnte. Vielleicht war ich auch der erste, der diesen See entdeckte. So weit draußen in der Landschaft vermutete vielleicht keiner eine solch wundervolle Oase. Ich schwamm mehrere Runden und wollte schließlich wieder zum Ufer zurück. Da geschah das Unglück: Meine Beine verhedderten sich in den dichten Schlingpflanzen, die überall herumschwammen. Vergeblich versuchte ich, mich loszureißen. Doch je mehr ich zerrte, umso mehr zogen mich die Pflanzen nach unten. Schließlich tauchte auch noch mein Kopf unter Wasser. Glücklicherweise hatte ich zuvor noch einmal tief eingeatmet. Ich glaubte, nun genug Luft zu haben, um mich loszureißen. Doch das war ein fataler Irrtum. Es gelang mir einfach nicht, mich aus der Umklammerung dieser Pflanzen zu befreien. Ich hatte eine Idee. Vielleicht gelang es mir ja, mit den Händen die Schlingpflanzen von meinen Beinen zu entfernen. Aber auch das gelang mir nicht. Und plötzlich kam ich auch nicht mehr an die Wasseroberfläche. Die Luft wurde knapp und ich bekam panische Angst. Sie kroch durch meinen ganzen Körper und lähmte meine Hände, meine Beine und legte sich wie eine Schlinge um meinen Hals. Mein Herz schlug immer schneller und ich versuchte mit Sprüngen nach oben aus dem Wasser zu gelangen, um wenigstens ein wenig Luft nach zutanken. Kurzzeitig gelang mir das auch, doch dann zerrten mich die Pflanzen soweit nach unten, dass ich überhaupt nicht mehr nach oben kam. Ich glaubte, ertrinken zu müssen. Mein Leben flog an mir vorbei und ich war kurz davor, in ein gleißend helles Licht am Horizont einzutauchen. Da schwamm plötzlich ein kleines Mädchen mit einem Fischschwanz auf mich zu. Es schwebte sanft und leicht, wie ein Schleier aus Seide vor mir auf und ab und sah sehr besorgt aus. Es kam immer näher auf mich zu, doch ich fürchtete mich nicht. Als es kurz vor meinem Gesicht war, lächelte es plötzlich und breitete seine Arme aus. Im Nu bildeten sich Abermillionen Luftblasen um mich herum und hüllten mich vollständig ein. Ich atmete tief ein und spürte, wie die frische Luft in meine Lungen drang. Welch ein völlig neues Gefühl des Lebens durchströmte da meinen ganzen Leib. So wunderbar hatte ich mich noch nie gefühlt. Es war wie ein Wunder, doch ich ertrank nicht. Ich trieb im Wasser, inmitten einer riesigen Luftblase und tanzte schwerelos in ihr wie ein Fallschirmspringer in der Luft. Es war faszinierend, aber die Luftblase erneuerte sich ständig, fächelte mich andauernd frische Luft zu und das kleine Mädchen bewegte seinen Kopf und winkte mir sogar lächelnd zu. Doch was war das? Hatte sie etwa Tränen in den Augen? Ich glaubte, ich hatte eine Halluzination, denn das Wasser um die Luftblase waberte und sprudelte unentwegt. Langsam trieb ich an die Wasseroberfläche und die Schlingpflanzen trennten sich von ganz allein von meinen Beinen. Sie fielen aus der Luftblase heraus ins Wasser zurück. Als ich endlich an der Wasseroberfläche trieb, zerplatzte die Luftblase mit einem lauten Knall. Endlich konnte ich wieder die Sonne sehen, das Leben spüren. In diesem Moment wurde mir schlagartig klar, dass es nichts Schöneres gab als das Leben, die Sonne und der friedliche Himmel über mir. Wie ein Blatt trieb ich auf der Wasseroberfläche und freute mich wie ein Kind. Und obwohl die Luftblase zerplatzt war, schien ich doch wie auf einem Luftkissen ans Ufer zu schweben. Langsam kehrten meine Kräfte zurück und ich begann, mich mit leichten Schwimmbewegungen weiter fortzubewegen. Schnell gelangte ich ans Ufer. Ich ging zu meinen Sachen und setzte mich auf meine Decke. Und noch immer konnte ich niemanden sehen. Keiner hätte mir helfen können, wenn nicht dieses liebe Mädchen im Wasser erschienen wäre. Aber wer war dieses rätselhafte Mädchen? Sie musste doch von irgendwoher gekommen sein? Unmöglich konnte sie im Wasser leben, oder doch? Ich wartete eine Weile, doch sie kam nicht aus dem Wasser. Und was war das für eine riesige Luftblase? Wo kam die nur her? Hatte ich am Ende alles nur geträumt? Doch die Schlingpflanzen hatte ich mir nicht eingebildet. Sie waren wirklich da! Lange schaute ich auf die Wasseroberfläche, doch das junge Mädchen kam nicht wieder. Ich stand auf und rief laut übers Wasser: „Danke, liebes Mädchen. Du hast mir das Leben gerettet. Ich werde Dich nie vergessen, leb wohl." Dann ging ich zurück und packte meine Sachen zusammen. Später im Auto dachte ich noch lange an mein seltsames Erlebnis. Als ich schließlich wieder auf den Highway bog, entdeckte ich eine Person am Straßenrand. Sie winkte mir zu und lächelte und ich erkannte sie sofort. Es war das junge Mädchen aus dem See.

Anitas Wunder

Anita war vom Hals an gelähmt. Doch keineswegs war sie unglücklich oder gar traurig deswegen. Sie musste diese Krankheit schon seit ihrer Kindheit ertragen und hatte gelernt, damit umzugehen. Sie besaß einen PC, der mit Sprachsteuerung funktionierte und so saß sie von morgens bis nachts am Computer und chattete mit der ganzen Welt. Das machte ihr so großen Spaß, dass sie manchmal sogar das Essen vergaß. Jeden Tag kam ein Pfleger zu ihr. Er blieb dann bis abends und kümmerte sich wie ein Bruder um sie. Erst, wenn er sie ins Bett gebracht hatte, fuhr er wieder ab. So verging ein Tag nach dem anderen. Immer öfter jedoch sehnte sie sich nach einem Freund, der immer, auch nachts für sie da sein konnte. Sie brauchte jemanden, der mal mit ihr wegfuhr und etwas mit ihr unternahm. Doch jedes Mal, wenn sie im Internetchat von ihrer Behinderung schrieb, verabschiedeten sich die Chatpartner mit den kuriosesten Entschuldigungen. Anita kannte das bereits und war gar nicht mehr traurig oder böse deswegen. Sie blickte in die Zukunft und wusste genau, dass genau dieser Mann einmal kommen würde. Bis zu jenem Abend, als es draußen regnete und ihr Pfleger gegangen war. Sie lag in ihrem Bett und musste plötzlich bitterlich weinen. Dicke Tränen rannen ihr übers Gesicht und in diesem Augenblick wünschte sie sich so sehr, dass jemand bei ihr wäre, der ihr die Tränen vom Gesicht küsste. Doch sie wusste, dass das nicht passierte. Zumindest sah es nicht so aus, dass sie jemanden treffen würde. Längst war ihr Kopfkissen nass geweint, da schlief sie endlich ein. Zunächst versank sie in ihren allnächtlichen

Vorstellungen, wie es wäre, wenn sie sich wie alle anderen Menschen bewegen könnte. Doch dann sah sie in der Ferne einen hellen Lichtpunkt. Sie wurde neugierig und es war ganz seltsam – sie wollte unbedingt zu diesem hellen Lichtpunkt. Und als ob dieses Licht von ihrem Wunsche erfuhr, kam es ihr entgegen. Es wurde immer größer und flirrte plötzlich vor ihrem erstaunten Gesicht. So etwas Wundervolles hatte sie noch niemals gesehen. In diesem Moment wusste sie, dass alles gut würde. Das Licht erschien ihr wie die Erfüllung eines Traumes. Und sie wollte nur noch eines: in dieses Licht hineintauchen! Sie streckte sich dem Licht entgegen. Doch das brauchte sie gar nicht. Das Licht vereinnahmte sie ganz und gar und sie fand sich in einer märchenhaften Welt wieder. Es war so hell, dass sich ihre Augen nur ganz allmählich an die Umgebung gewöhnten. Sie lag auf einer grünen Wiese zwischen dutzenden wunderschönen Blumen. Es duftete nach Rosen und nach Gras. Am Himmel war kein Wölkchen zu sehen. Am Rand der großen Wiese standen große starke Bäume. Und dazwischen entdeckte sie eine traumhaft schöne weiße Villa mit großen Säulen davor und einer Marmortreppe, die zum Eingang führte. So gern wollte sie in dieses herrschaftliche Haus, doch sie konnte ja nicht – doch halt, was war das? Hatte sie sich nicht soeben bewegt? Aber das konnte doch gar nicht … oder … tatsächlich, sie konnte sich bewegen! Mehr noch, sie konnte sogar aufstehen. Und da erkannte sie es, sie war nicht mehr behindert! Mutig erhob sie sich und stand schließlich aufrecht auf der Wiese. Ja, sie hatte es aus eigener Kraft geschafft. Mehrmals kniff sie sich in die Beine, in den Körper, in die Arme, ja, sie fühlte es. Sie spürte jeden einzelnen Kniff. So gern hatte sie noch niemals *„Aua"* gerufen. Was für ein Gefühl. Was für ein Leben, das da plötzlich in ihr steckte. Das musste ein Wunder sein! Kein Zweifel! So etwas gab es in Wirklichkeit nicht. Sie stand auf einer Wiese und lief plötzlich los. Sie lief und lief, vorsichtig noch, aber zielsicher, geradewegs auf die weiße Villa zu. Als sie genau vor der breiten weißen Marmortreppe stand, atmete sie tief ein. Sie wollte diesen Augenblick, diesen famosen Moment des Glücks tief in sich einsaugen. Davon hatte sie doch immer geträumt. Endlich einmal leben, genießen. Sie betrat die erste Stufe und fühlte sich dabei so unendlich stark. Nein, so stark hatte sie sich noch niemals in ihrem Leben gefühlt. Jede einzelne Stufe genoss sei, erlebte sie, als sei es ein Tausendmeterlauf. Und sie stieg die Stufen empor, als würde sie in den Olymp aller Träume aufsteigen. Stolz und hoch erhobenen Hauptes setzte sie einen Fuß vor den anderen. Und es gelang. Noch immer konnte sie ihr Glück nicht fassen. Nun stand sie oben. Und sie blickte zurück. Unter sich erstreckte sich diese unendliche saftig-grüne Wiese. Was für ein Anblick. Was für ein Genuss. Das sollte niemals mehr vergehen. Vor sich sah sie eine gläserne Tür. Sie war nur angelehnt und sie trat ein. Wie märchenhaft es doch dort drinnen aussah. Überall in dem riesig erscheinenden Raum standen helle Stilmöbel. Sie funkelten wie der weiße Marmorfußboden im hereinfallenden Sonnenlicht. So etwas Wunderschönes hatte sie wohl noch nie zu Gesicht bekommen. Ein lauer Wind umfächelte ihre Nase und wie aus dem Nichts stand da ein junger Mann in einem weißen Anzug. Seine langen goldenen Haare wehten in diesem lauen Sommerwind und es schien ihr, als schwebte der Mann vor ihren Augen im Raum. Lange schaute sie ihn an.

Dann sagte sie leise: „Wo bin ich? Ist das alles wahr, was ich hier sehe? Und ich kann mich bewegen. Wie kann das nur sein?" Der junge Mann lächelte sie an. Dann sagte er leise und seine Worte hallten wie durch einen riesigen Saal: „Nein, Du träumst nicht. Es ist alles wahr, was Du erlebst. Du bist hier irgendwo. Freu Dich daran, denn das ist die Welt. Deine Welt. Sie ist wunderschön. Die Wiese, die Sonne, der Tag, alles ist heut nur für Dich. Wenn Du einen Wunsch hast, dann sage ihn jetzt. Er wird wahr werden." Mit diesen Worten verschwand der junge Mann in einem weißen, schnell entschwindenden Nebel. Und Anita brauchte eine kleine Weile, um sich wieder zu fangen. Dann sagte sie mit weinerlicher Stimme: „Hier ist es so wunderschön. Hier würde ich für immer bleiben. Aber ich wünsche mir, dass ich mich für immer so bewegen kann, wie jetzt. Mehr Wünsche habe ich nicht, eben nur diesen einen." Und die Stimme des jungen Mannes antwortete ihr und rief: „So soll es geschehen. Alles wird gut. Du musst nur ganz fest daran glauben." Dann wurde es wieder still und der laue Wind fächelte wieder die würzige frische Luft um Anitas Nase. Ach, könnte das doch alles für immer so sein, so dachte sie sich. Doch es schien, als würde sie etwas zurück auf die Wiese ziehen wollen. Sie wollte es erst gar nicht, doch dann sah sie einen beweglichen Punkt auf der Wiese. Dorthin sollte sie nun gehen. Sie lief die Marmortreppe hinab und lief über diese wunderschöne Wiese geradewegs zu diesem merkwürdigen Punkt hin. Dann verschwand das Licht, in welchem sie eben noch stand und entfernte sich mehr und mehr und immer schneller vor ihr. Sie

war in den beweglichen Punkt eingetaucht und als-
bald wurde es dunkel um sie herum. Als sie ihre Au-
gen öffnete, sah sie eine Lampe über sich. Und ganz
langsam kehrte sie in die Wirklichkeit zurück. Es war
ein neuer Tag angebrochen und durch das geöffnete
Schlafzimmerfenster drangen laute Kinderstimmen.
Sie vermischten sich plötzlich mit dem Klappern eines
Schlüsselbundes. Und ihr fiel ein, dass ihr Pfleger
gleich kommen musste. So war es dann auch. Aber
was war das? Irgendetwas krabbelte an ihrem Körper.
Was konnte das nur sein, so ein Krabbeln kannte sie
nicht. Was war das für ein sonderbares neues Gefühl?
Der Pfleger kam ins Zimmer und begrüßte Anita fröh-
lich. Doch Anita war verunsichert und wies den Pfle-
ger auf das seltsame Krabbeln an ihrem Körper hin.
Der schaute sie nachdenklich an und klappte dann die
Bettdecke zurück. Doch da war nichts, was hätte
krabbeln können. Anita lag ganz normal im Bett.
Doch halt, nicht ganz normal, da bewegte sich etwas.
Und wirklich, sie hatte soeben ihre Beine bewegt.
Ganz leicht nur, aber sie hatte es getan. Der Pfleger
konnte es nicht glauben. Das konnte doch gar nicht
möglich sein. Oder doch? Er wies Anita darauf hin
und bat sie, noch einmal die Beine zu bewegen. Und
wie selbstverständlich funktionierte es.
Zunächst glaubten beide noch an ein vorübergehen-
des Muskelzucken. Doch das vermeintliche Muskel-
zucken endete mit dem Bewegen der Beine. Ganz
bewusst und ohne Einschränkungen konnte Anita
wieder ihre Beine bewegen. Und was sie zunächst als
Krabbeln bemerkte, war das Leben, welches in ihren
gelähmten Leib zurückkehrte. Vorsichtig und ganz
behutsam half ihr der Pfleger beim Aufstehen. Und
wie in ihrem wundervollen Traum fühlte sie alles um

sich herum. Sie nahm es bewusst wahr und sie spürte sich selbst. Ja, sie fühlte jeden einzelnen Millimeter ihres Körpers. Und sie war neugierig darauf, wie es wäre, wenn sie das erste Mal laufen würde. Der Pfleger brachte ihr alles bei. Stundenlang übten sie das Stehen, das Laufen, das Fortbewegen. Und irgendwann konnte Anita sich bewegen, als sei sie niemals gelähmt gewesen. Welch eine Freude, was für ein unfassbares Glück, das sich da auftat. Was für ein wundervolles neues Leben, was da begann. Sie genoss jede Sekunde. Und sie erkannte plötzlich, dass sie es nur mit ihrem starken Willen schaffen konnte. Sie hatte niemals aufgegeben. Und sie wollte so gern leben. Ihr Pfleger konnte gar nicht sagen, wie glücklich er war, als er sie so sah. Die beiden verstanden sich so gut, dass sie sogar heirateten und sehr glücklich miteinander wurden. Und sie bekamen drei Kinder, die allesamt gesund und munter waren. Eines Tages sprach Anita über ihren alten Traum. Nie hatte sie etwas davon erzählt, doch ihr Ehemann, der sie so viele Jahre aufopferungsvoll pflegte, sollte es schließlich wissen. Und als die beiden so auf der kleinen Veranda ihres Häuschens am Waldrand saßen und miteinander sprachen, spürte sie wieder diesen seltsamen lauen Wind, der wie früher schon einmal um ihre Nase fächelte. Da musste sie weinen und am Waldesrand sah sie einen jungen Mann mit langen goldenen Haaren und weißen Flügeln auf dem Rücken. Und plötzlich wusste sie, dass so manche Träume im Leben wahr werden können. Man muss nur ganz fest daran glauben.

Das Luftschiff

Was war das eigentlich, dieses Leben? Agatha saß am Fenster ihrer kleinen Zweizimmerwohnung mitten in Berlin und wusste es plötzlich gar nicht mehr so genau. Sie schaute hinunter auf die stark befahrene Straße und hatte plötzlich Tränen in den Augen. Sie fühlte sich schwach und irgendwie müde, sehr müde. So als wollte sie schlafen, einfach nicht mehr weiterleben. Doch sollte sie wirklich sterben? Immerhin war sie vierundneunzig Jahre alt geworden. Und sie hatte wirklich viel erlebt. Doch nach all diesen Strapazen, nach der Flucht aus Schlesien, nach diesem unseligen furchtbaren Krieg und den unzähligen Verlusten, sollte sie nun wirklich gehen? Ausgerechnet jetzt, wo die Welt um sie herum so friedlich war, so schön. Konnte sie wirklich alles zurücklassen? Sie wusste, dass es an der Zeit war, den Jungen diese wunderschöne aufregende Welt zu überlassen. Und sie sagte immer: „Wir Alten haben genug geleistet. Jetzt sind die jungen Leute dran!" Dabei beobachtete sie eine junge Frau, die ihr Baby auf den Armen trug und lachte. Und sie erinnerte sich an damals, in den schweren Jahren, als sie ihren Sohn bekam. Es war weiß-gott nicht einfach und schon gar nicht leicht. Und es war Krieg! Damals in Breslau, und dann hieß es: Wir müssen raus, einfach so! Raus aus der Heimat, fort von alledem, was man kannte! Wieso eigentlich? Hätte man dort nicht einfach sterben sollen? Es war doch die Heimat! Die lässt man doch nicht einfach so zurück und geht! Traurig schloss sie ihre Augen und Tränen rannen ihr übers faltige Gesicht. Sie lebte allein in dieser kleinen Wohnung in Charlottenburg. Ihr

Mann Friedrich, der Fliegerpilot war, galt seit dem Kriege als vermisst. Und Frank, ihr Sohn, der lebte längst in Amerika und hatte selbst eine Familie und einen tollen Job.

Ach ja, Amerika, vielleicht hätte sie auch dorthin flüchten sollen. Damals, als sie es noch konnte, als sie noch die Kraft dazu hatte. Doch, wäre das richtig gewesen? Wäre sie wirklich so stark gewesen? Andere waren es schließlich auch. Sie wischte sich die Tränen aus den Augen und stand auf. Es schien alles so anders zu sein an diesem sonderbaren Morgen. Was war das nur? Sie spürte ihren Herzschlag. Er war noch genauso stark wie ehedem. Diese alten Fotos, ja, die alten Fotos würde sie jetzt gern betrachten. Wo waren die doch gleich? Hatte sie die nicht vor Jahren in einem Plastiksack in den Keller verfrachtet? Langsam schlürfte sie in ihren alten *Lama-Hausschuhen* den Flur entlang. Im Treppenhaus war es still, seltsam still. Sie nahm den Kellerschlüssel vom Schlüsselbrett und stand schweigend an der Wohnungstür. Irgendetwas war anders. Noch einmal schaute sie sich um, schaute zu der alten Kommode, zu dem alten Küchenschrank, alles sah so sonderbar friedlich aus. Was war das nur? Noch nie fühlte sie sich so gut und so entschlossen. Sie wollte unbedingt in den Keller, um die alten Fotos anzuschauen. Vorsichtig öffnete sie die Wohnungstür. Sie knarrte und langsamen Schrittes tapste Agatha die Holztreppe nach unten. Keiner der Nachbarn kam ihr entgegen. Ein modriger Geruch zog durch die Kühle des Treppenhauses. Es roch nach alten Möbeln und vergammeltem Holz. Kurz vor der Kellertür blieb sie stehen. Durch ein Hausfenster konnte man nach draußen sehen. Man konnte genau in den Innenhof schauen. Aber was war das? Irgendwie sah an jenem

Morgen selbst dieser langweilige triste Hof anders aus als sonst. Und plötzlich schob sich ein riesiger Schatten über die alten wackeligen Mülltonnen, die wie ein Soldatenspalier neben einem alten ausrangierten Schrank standen. Agatha erschrak sich ein wenig! War das eine Regenwolke, die sich vor die Sonne schob? Irritiert schaute sie nach oben und kam aus dem Staunen gar nicht mehr heraus. Vom Himmel senkte sich ein riesiger zigarrenförmiger Flugkörper nach unten. Agatha war sich nicht sicher, doch sie hatte so etwas schon einmal gesehen. Damals wars, ja, da hatte sie so etwas schon einmal bewundern können. Diese Zigarre ähnelte verdächtig einem Luftschiff, einem alten Zeppelin. Und tatsächlich, diese riesige Zigarre war ein Zeppelin. Neugierig öffnete sie die Haustür. Für einen Moment schienen die alten Fotos, die im Keller schmorten, vergessen. Dieser Zeppelin war viel interessanter und viel greifbarer als die längst vergilbten Bilder aus ihrer Jugendzeit. Der Zeppelin landete genau vor der Hintertür des Hauses. Doch es war ganz seltsam, irgendwie schien keiner der Anwohner dieses Schauspiel zu bemerken. Nirgendwo öffnete sich ein Fenster und kein Mensch starrte neugierig auf den Hof. Niemand war zu sehen, nur dieser Zeppelin thronte wie ein Bote aus einer anderen Welt inmitten des Innenhofes. Agatha trat hinaus in den Hof und spürte die würzige Luft, die ihr um die Nase wehte. Es war alles so wie damals im Sommer 1938. Ja, da hatte sie auch auf einem solchen Hof gestanden, in Breslau, und sie hatte dieses wundersame Luftschiff sehen können, welches leise brummend über die staunenden Köpfe der Einwohner glitt. Und nun war es wieder da. Agatha lief die wenigen Schritte bis zur Gondel des Zeppelins. Ihr fiel ein, dass sie sich nicht einmal umgezogen hatte. Mit ihrer dicken Strickjacke bekleidet und den alten löchrigen Hausschuhen stand sie vor der Gondel und freute sich. Plötzlich öffnete sich die Tür und ein junger Mann in einer dunkelblauen Uniform trat aus dem Inneren. Agatha traf beinahe der Schlag. „Friedrich", rief sie laut und fast wäre sie zusammengebrochen, wenn sie der gutaussehende stolze junge Mann nicht aufgefangen hätte. Agatha sank in seine starken Arme und augenblicklich fühlte sie sich so leicht und so geborgen wie schon seit Jahren nicht mehr. Sie lächelte und ihre Augen waren plötzlich nicht mehr traurig und leer. Es war ihr Friedrich, der eigentlich seit den fürchterlichen Kriegstagen als vermisst galt. Irgendwie musste er zurückgekommen sein. Aber wie war das nur möglich? Es war ihr egal und Friedrich trug sie ins Innere der Gondel. Behutsam legte er seine Agathe auf ein Sofa, welches mit einer silbernen Seidendecke bedeckt war. Dann schob er einen Stuhl an das Sofa und setzte sich. Lange beobachtete er Agatha und sprach doch kein Wort dabei. Als sie ihre Augen öffnete, schaute sie in Friedrichs gutmütiges Gesicht und war so glücklich. Es war wohl das Allerschönste, was sie seit Jahren erleben durfte, Friedrich war zurückgekehrt! Und es schien ihm gut zu gehen. Sicher war er der Kommandant dieses Zeppelins. Ganz bestimmt, es musste so sein, es sollte so sein! „Was mache ich hier", flüsterte sie ganz leise. Und Friedrich nahm ihre Hand und drückte fest an sein Herz. „Wir fliegen nach Hause", antwortete er dann und als Agatha aus einem der Bullaugen schaute, bemerkte sie, dass sie flogen. Das Luftschiff flog durch dicke weiße Wolken und Agatha hatte keine

Angst. Sie wollte auch nicht mehr in ihre einsame Wohnung zurück. Sie wollte nur eines noch, jetzt und für immer bei ihrem Friedrich bleiben und träumen. Plötzlich rief Friedrich: „Schau, dort unten, Breslau, unsere Heimatstadt!" Agatha erhob sich und Friedrich nahm seine Agatha in die Arme. Gemeinsam schauten sie auf die spitzen Kirchtürme ihrer Stadt. Ja, das war Breslau, so wie es damals war, so wie es immer war. Genauso hatte sie es auch in ihren Erinnerungen immer gesehen. Und plötzlich schlug eine der Kirchturmglocken und Agatha erinnerte sich, so war es immer, wenn sie von Mutter am Sonntag geweckt wurde. Es war genau dieser Kirchturmglockenklang und der Geruch nach Gräsern und Blumen. Das Summen der Bienen und irgendwo flog ein einsamer Flieger in den blankgeputzten Sommerhimmel hinein. Ja, das war der Sonntag, so wie sie ihn liebte! Friedrich küsste Agatha auf die Stirn und flüsterte: „Schau noch einmal genau hin. Siehst Du dort unten, da ist Deine Mutter, sie geht mit Dir in die Kirche. Und sie trägt ihr bestes Kleid, siehst Du?" Agatha musste sich nicht einmal anstrengen, um all das zu sehen. Auf dem Bürgersteig lief tatsächlich ihre Mutter. Und das kleine Mädchen, welches sie an der Hand hielt, das war Agatha, das war sie selbst! Friedrich hatte ihr die Kindheit zurückgebracht. Und all die vielen Erinnerungen, die sie aus der Kinderzeit noch hatte. Es war unglaublich, aber wahr. Und der Zeppelin flog über die Stadt und driftete über die Felder und all die dichten Wälder von Agathas schlesischer Heimat. Was für ein wundervolles Land, dieses Land ihrer Kinderzeit. Dieser faszinierende Traum durfte einfach nicht mehr vergehen. Friedrich schaute Agatha lange an und sagte dann: „Und hier werden wir beide nun bleiben."

Über einer grünen Wiese senkte sich der riesige Leib des Zeppelins und landete zwischen unzähligen bunten Blumen. Agatha und Friedrich verließen die Gondel und legten sich in das duftende Gras. Lange schauten sie einfach nur in den Himmel und zählten die kleinen weißen Schäfchenwolken, die wie die Erinnerungen an die alten Zeiten vorüber schwammen. Die beiden hielten sich fest an den Händen und von fern erklang das Geläut der Glocken. Und es war Sonntag, so ein Sonntag, wie Agatha ihn so oft erlebt hatte, als sie noch klein war. Und das Luftschiff erhob sich und verschwand alsbald zwischen all den vielen Schäfchenwollen, inmitten der unzähligen Träume der beiden Liebenden. Doch diese rätselhafte wunderschöne Blumenwiese war nicht einfach nur eine Wiese. Was den beiden verborgen blieb, war die Tatsache, dass sie auf einem Friedhof lagen, zwischen den herrschaftlichen und wohl gepflegten Gräbern. Und ab und zu kam Agathas Sohn und goss die Blumen auf dem Grab seiner geliebten Mutter. Als er eines Tages frische Blumen auf dem Grab pflanzte, fiel ihm ein Siegelring auf. Er lag einfach so zwischen den weißen Kieselsteinen und als er ihn aufhob und betrachtete fielen ihm die eingravierten Worte auf. Fassungslos und mit Tränen in den Augen las er: „Für meine geliebte Agatha, Dein Friedrich." Und es schien ein Wunder zu sein, denn der Zeppelin war während des Krieges einst mit Friedrich als Kommandant über einem Feld in der Nähe von Breslau abgestürzt.

Stadt der Engel

Die beiden hassten sich wie die Pest. Luis und Amanda wollten sich scheiden lassen und beschlossen, die Stadt zu verlassen, um jeder für sich allein, nach einem neuen Partner zu suchen. So geschah es und so verließen sie ihr kleines Haus in *„Middletown"*, in welchem sie einfach nicht so recht glücklich werden sollten.

Auf dem Weg in ihr neues Leben lernten sie die unterschiedlichsten Partner kennen, doch es war wirklich wie verhext, keiner von ihnen lernte den rechten Partner fürs Leben kennen. Und so wurden sie müde und wollten sich, Luis in *„San Antonio"* und Amanda in *„Salt Lake City"* endgültig zur Ruhe setzen. Sie hatten sich sogar schon neue Jobs organisiert und stellten sich das vor, was sie sich eigentlich gar nicht vorstellen wollten-in ihren neuen Städten alt zu werden. Doch im Traum sahen sie etwas ganz anderes. So sah Luis eines Nachts ein wundersames Haus, und dieses befand sich in keiner geringeren Stadt als Los Angeles, der Stadt der Engel. Auch Amanda träumte von diesem merkwürdigen Haus, und so beschlossen die beiden, unabhängig voneinander, nach Los Angeles zu reisen, um dieses Haus, welches eine ganz sonderbare, geradezu hoffnungsvolle Atmosphäre auszustrahlen schien, zu suchen. Komischerweise packten beide ganz unabhängig voneinander ihre Koffer und fuhren sogar am gleichen Tage nach Los Angeles. Und tatsächlich fanden sie dieses Haus der Träume und der Märchen, und als sie sich beide nach so langer Zeit endlich wiedersahen, konnten sie es nicht glauben. Weinend fielen sie sich in die Arme und erzählten sich von ihren unfassbaren Träumen. Ja, so sollte es sein und so beschlossen sie, für immer in dieser märchenhaften, zauberhaften Stadt zu bleiben. Sie suchten sich eine kleine bezahlbare Wohnung und begannen ihr Leben noch einmal völlig neu. Sie liebten sich so sehr und wollten nach einigen Wochen noch einmal zu diesem sonderbaren Haus, welches sie in ihren wundervollen Träumen zusammengebracht hatte. Doch so sehr sie es auch suchten, sie fanden es nicht mehr. Auch Passanten, die sie fragten, wussten nichts von diesem zauberhaften Haus. Da wussten die beiden, dass es wohl ein wundervoller Zauber gewesen sein musste, der sie zusammengeführt hatte. Denn es war eine Stadt, die sie nun für immer zusammengebracht hatte; es war die Stadt der unglaublichsten Träume, die Stadt der Hoffnung und es war die Stadt der Engel, in welcher es die verrücktesten Märchen gab, die man sich nur vorzustellen vermochte:

LOS ANGELES